相遇新体系 如歌的行走

——小学音乐课堂融合新体系的实践与思考

邓婉雁 主编

黄河出版传媒集团
阳光出版社

图书在版编目（CIP）数据

相遇新体系　如歌的行走：小学音乐课堂融合新体系的实践与思考 / 邓婉雁主编. -- 银川：阳光出版社，2020.9
ISBN 978-7-5525-5528-8

Ⅰ. ①相… Ⅱ. ①邓… Ⅲ. ①音乐课－课堂教学－教学研究－小学 Ⅳ. ①G623.712

中国版本图书馆CIP数据核字(2020)第184574号

相遇新体系　如歌的行走
小学音乐课堂融合新体系的实践与思考

邓婉雁　主编

责任编辑　徐文佳
封面设计　西　子
责任印制　岳建宁

黄河出版传媒集团
阳　光　出　版　社　出版发行

出 版 人　薛文斌
地　　址　宁夏银川市北京东路139号出版大厦（750001）
网　　址　http://www.ygchbs.com
网上书店　http://shop129132959.taobao.com
电子信箱　yangguangchubanshe@163.com
邮购电话　0951-5047283
经　　销　全国新华书店
印刷装订　天津兴湘印务有限公司
印刷委托书号　（宁）0018677

开　　本　880 mm×1230 mm　1/32
印　　张　7
字　　数　130千字
版　　次　2020年12月第1版
印　　次　2020年12月第1次印刷
书　　号　ISBN 978-7-5525-5528-8
定　　价　45.00元

编委会

主　编：邓婉雁

副主编：朱彩珠　郑婉婉　陶伶俐

编　委：方茴茴　林园园　王咪咪　林春晓　潘赛赛

　　　　蔡文苑　王阳阳　包丛丛　林　霞　杨　瞻

目　录

且思且索篇

有一种改变叫新体系

——开展小学音乐新体系实践活动的收获和困惑

邓婉雁

一、我们不得不爱你（新体系给我们带来翻天覆地的变化）

"新体系"这几年在音乐教学中慢慢成为热词。什么是新体系？为什么开展新体系？新体系给我们的音乐课堂带来怎样的变革？大概四年前，于我而言新体系对我来讲只是个传说。后来听了很多关于新体系的讲座和有关新体系的课堂实录，这时新体系于我而言成了听说。2016 年我有幸参加了温州市教师教育院策划开展的新体系实践小组活动，算是对新体系有了真真切切的体验。从传说到听说再到亲身体验，新体系给我的感觉也是从高大上到雾里看花，再到喜相逢。新体系是由德国的奥尔夫音乐教育、匈牙利的柯达伊音乐教育、瑞士的达尔克罗兹音乐教育，这世界三大音乐组成的教学体系。这三大体系进入音乐课堂，我们可以感受到我们的音乐课堂发生了翻天覆地的变化。让音乐属于每一个人，让快乐律动紧随课堂，让实践体验唤醒学生，是新体系的宗旨，这些理念一直要贯穿课堂始终。

　　我们实践小组进行了一个学期的新体系实践课后，在期末测试的时候从普通班随机抽取部分学生与实验班做了一个数据对比（实验班与普通班各抽 10 人）。

表 1　实验班和普通班数据对比

班　级	节　奏	音　准	音　色	合　作	表　现
实验班	4A 4C 2D	7A 1B 2D	2A 5B 3C	学生不合作难以评价	2A 7C 1D
普通班	9A 1B	6A 1B 1C 2D	6A 2B 2C	4A 4B 1C 1D	4A 4B 2C

　　从表格的数据中我们可以做出这样的分析：通过半年的实践，实验班的学生在节奏、合作、表现方面进步很大，而合作更是优先一大步；普通班学生处于不合作状态，老师再三引导找一个小伙伴，学生还是要自己一人表演。从这里我们可以看到，新体系是让我们的音乐课堂更有活力，让我们的学生离音乐更近，所以说有什么理由不参与新体系呢？这让我们音乐老师不禁感慨新体系我们不得不爱你，但爱你也不是很容易的事。

二、爱你不是很容易（学校、学生现状给实施新体系带来的困难）

1. 大班额班级开展新体系的困难

我们的班级学生人数过多，有 56 人左右。对于一年级的学生来讲，他们的课堂常规还未形成，又处于极度好动且注意力非常不集中阶段，因此各类活动开展起来较为困难，集中体现在学生不知道聆听、活动配合度不高等方面。新体系多属于体验教学范畴，老师必须要和学生一起活动。由于每个班学生人数较多，老师如果没有预设好或是调控能力较弱，课堂中难免会出现"乱"的现象。还有音乐室、音乐器材不完善这些因素。有时或许音乐室虽有，但每位老师一间达不到；音乐器材有，但并不是人手一件，同时在质量上也是差强人意。这些都限制了新体系教学在小学阶段音乐课堂的全面开展。

实践措施：

对于人数多的问题上学期我们经常的做法就是让其他的教师组员走进学生当中作小组长，在小组中引导学生参与体验，并做各种活动引领。这样的做法效果明显提高了，但借鉴意义不大，因为我们除了实验班，普通班只有一个老师上课。除了班级人数减少还有更好的办法吗？在乐器方面因为原有乐器质量参差不齐，而购买较好的奥尔夫乐器需要较大的经费支出，学校的预算不足，所以在乐器的添置上也存在一定的问题。为此，我们计划每年购置部分，希望通过几年时间能配备最基础的一套奥尔夫乐器。

2. 新体系体验性强带来的困难

新体系倡导让每一个学生参与到音乐中动起来，故体验性特别强。一年级学生好动不遵守纪律、自制力差，如果他们对所学的内容没有兴趣便不能专心，就会做一些与课堂无关的事情。上音乐课时，学生在乱七八糟地大声唱歌，老师急得直喊"停！停！"学生却毫无反应，仍然我行我素地放歌课堂；要求跟着音乐走，有些学生却打闹、嬉戏、追跑起来；蹲在原地玩游戏，就有学生就地坐下、躺下或者靠在其他同学身上。因为人数多，老师往往顾此失彼。对此老师采取"狮子吼"或是"面壁思过"均是不明智的，那么怎么办呢？

实践措施：

（1）老师们刻苦钻研教材，精心备课，希望把自己的课上的生动有趣，吸引学生的注意力，让学生融入课堂。这样，学生就会很少出现纪律问题。如在学习律动游戏《跟着走》时，用多媒体出示一组同学们围成圈的图片和童谣，引导学生慢慢走恒拍走成一个大圈，在走圈的过程中我们一边按节奏拍手，一边念童谣"小朋友，拍着手，一个跟着一个走，你在前来我随后，走个圆圈像皮球。"在这个过程中会出现嘴、手和脚不一样的情况，学生会出错，老师走到学生面前示范，但不要当面指出错误，怕这样会让学生越来越紧张从而越出错，老师只是让他不停地跟着做，不停地重复改正。往往是走恒拍的律动练习上了好几节课后，有些后进的学生才慢慢改过来。像这样用画面、游戏创设的情景，能够激发学生的兴趣和强烈的探究欲望，因此学生才慢慢适应课堂纪律，从而取得了事半功倍的教学效果。

（2）在课堂上使用看手势指令的方法，在这一训练过程中，教师不必大声地喊叫集合、散开、围成圈等口令，只需要拿出之前准备好的不同颜色的卡片，将画有圆圈、满天星、集合的卡片练习以后加入手势，学生一看到老师的手势马上反应过来，并立即做出相应的反应。开始做满天星指令的过程中学生没有散落在教室空的地方，而是密集在一点或三三两两；做集合指令的过程中学生太多，五十几个学生很兴奋，都想要往中间挤进去，这一过程中就会有学生不小心摔倒，如果发现有一些是学生故意摔倒就让他退出这个指令环节，经过几次练习慢慢进步；在围成圈的指令中，学生反应都很快，你拉我、我拉你，迅速围成一个圆圈，以上指令经过反复训练后学生才真正理解这个指令的真正意义。教师在之后的课上用肢体语言和眼神暗示学生，他们慢慢形成习惯后看到指令就会反应得又快又准。

（3）学生集体演唱歌曲，由于北京新体系实验教材歌曲短小，无音乐范唱，歌唱性不强，结束感不强，学生在学唱的时候，没有感觉到歌词朗朗上口，因此对学生吸引力不大。课上你会发现个别学生在随便说话、没有聆听、没有参与到其中，这时老师应慢慢走到该生近前，轻轻用手碰一碰他的肩膀，或用眼神示意他，让学生感到老师已经注意到自己了，没有当面批评，维护了他的面子，再引他随老师认真学习。

三、在痛和笑中领悟（新体系实习教程给我们带来的困惑）

1. 新体系实习教程的优点

我们新体系实践小组，这个学期使用的教材是中央音乐学院出版社出版的《实习课教程》一年级上册。这本教材的内容衔接紧凑，兼顾音乐知识和人文知识，与新体系紧密结合，针对性比较强。同时，它具有以下三个优点。

（1）恒拍练习贯穿课堂、学期的始终，相信长期坚持，学生的恒拍感会伴随他们一生。

（2）字母谱的融入使识谱教学更加形象生动、简便。

（3）整本书的人文知识脉络清晰明了。

2. 实施新体系实习教程的阻碍

经过一个学期的实践，我也发现这本教程中一些不太合理的地方，在此提出来和大家一起探讨。

（1）缺少音频。虽有教师用书和学生手册，唯独缺少音频。这在有条件的学校也许不是特别难的事情，可以自己完成录制，但我们是薄弱地区的学校，条件有限。另外，新体系活动量大，在学生学习初期，教师需要做大量的引导动作，没有音频很大程度上影响了学生学习的效果。比如《庆丰收》，本来就是一个舞蹈的内容，老师又要跳又要弹，分身乏术。当然我们在上实验课的时候，是一个老师上课，另一个老师帮忙弹奏。但是每个老师对一个谱例的内心感觉都会不同，我们六个人的课在实验班当中衔接的时候，学生就会出现一时反应不过来的情况。如果有音频，老师上课会轻松很多，学生的学习效果也会好很多。

（2）有些儿歌内容生涩，不符合一年级学生的认知情况。比如《花巴掌》，学生对打麦子这一过程非常陌生，因此很难理解儿歌当中的内容，要想背下来就更难。而且里面还有非常生僻的字，比如"榫枷"。仅仅这一个内容，我们花了两节课才让学生勉强掌握。

（3）谱例缺少音乐性。音乐教育是审美教育，是一种美的享受。尽管我们知道这些谱例是为了集中让学生认识 s 和 m 两个音，但不得不说这些谱例的旋律感实在不强，也没有朗朗上口的感觉，最重要的是学生觉得单调而不够喜欢。都说"兴趣是最好的老师"，学生没有兴趣，学习起来自然事倍功半。

（4）整册书的容量太大。从单个课时来说，比如第一课的内容，有《跟着走》《叫名字》《满天星》《太阳和星星捉迷藏》《小星星要睡觉》五个内容，有节奏、旋律、队形变化、恒拍，还有生字的认读及儿歌的记背。一年级的学生刚刚入学，学生的课堂行规都需要一段时间去适应，第一节课就要接受这么多的内容，即便是素养比较好的学生都很难完成，更何况是将近 60 个层次不一的新生。因此我们在操作的时候，只能尽量删去对后续衔接没有影响的内容。也许内容没有上完，不过对于当时的学习效果不一定有影响，但在年段衔接的时候就会出现断层的现象。

3. 新体系实习教程和人音版音乐教材的对比

（1）新体系实习教程对老师和学生提出更高的要求。新体系实习教程所呈现的教学理念，完全抛弃旧式教学中音乐基本程序与环节的要求，注重音乐本质的体验感受，这样的教学模式对老师的素养要求也逐渐变高变深了。多年沉浸在以往模式教学方式的老师，一下子难以马上进入全音乐本质体验模式，我们总担心教学内容是否单一化，不够丰富，一节课教学下来没给学生多少知识；而学生方面，对文学、对综合知识、对人数，新体系实习课程均有一定的要求。

（2）人音版教程更显平民化。人音版、人教版音乐教学教材欣赏、唱游比例各一，但新体系教材中欣赏内容暂无，这样的设计是否会影响音乐素养的积累？技能与知识的掌握最终要为鉴赏、鉴别音乐服务，我们要教会学生用音乐，而不是掌握技能，能欣赏音乐、鉴赏音乐才是实现美育、提高修养的基本需求。

（3）在容量上和内容搭配上我们认为人音版教材更适合学生，但新体系实习教程的活动设计、前后衔接等却是更胜一筹。2016年11月底，我们有幸请来了致力于新体系教学研究的特级教师姚丽雅，她为我们带来了精彩的新体系课堂，也带领我们一起感受并体验新体系，我们也做了很多交流。她提到她曾经试过用新体系实习教程，但效果不尽人意。她指出："不同的地方、不同的学生需要的教材也是不同的，只要合适的就是最好的。"

四、相信明天会更好（畅想未来，明天我们要做什么）

新事物的产生，必须通过实践、反思、再实践、再反思，只有在不停地论证中才能发现它的最大价值和意义。现有的教育现状下开展新体系确实困难重重，"允许一部分人先富起来，再让这部分人带动更多的人富起来"，这句话用在推广新体系的当下特别贴切。我们想新体系实习教程有它的优点，人音版音乐教材也有它的优点，我们是否可以把两种教材做一个整合，取长补短。相信在大家的共同努力下我们的音乐新体系之路能够越走越好。当然，这还是一条漫长的实践之路。

参考文献：

［1］陈蓉.音乐教学法教程［M］.上海：上海音乐学院出版社，2013.

［2］廖力.体态律动课例［M］.北京：人民音乐出版社，2001.

深入浅出

——新体系在农村音乐课堂的本土化实践

邓婉雁

一、新体系之路有多远

曾经新体系是一个新名词，离我们很遥远，后来我们加入了新体系实践兴趣小组，貌似离新体系很近了，其实不然，我们一直在实践中努力拉近与新体系的距离。一年多的新体系实践在烦恼、欣喜中过去了。本来已经步入二年级实验班，但因种种原因我们的实践活动"留级"了，只能继续保持在一年级，这次我们的实践兴趣小组来到了农民工子弟学校。

老师的转变：一年多的实践，老师们有了什么样的转变呢？首先是思想上开始转变，从排斥、犹豫到如今不自觉地用新体系思维去思考课堂，思考自己的教，学生的学。新体系原本就与国际音乐教学接轨，在一年多的实践过程中，我们对国内外的音乐教学也多了一分关注。其次是行动上的改变，教师在教学过程中更关注音乐的元素，以及这些典型元素的表现方式。这些需要老师非常扎实的基本功，于是在这个过程中就必须迫使我们自己跟学生一起学习，跟时代进步；会去研究教材的结构、特别的节奏、乐段乐句等等。

学生的转变：新体系活动多了，体验多了，带给学生更多的快乐，学生的课堂参与率高了，音乐技能也更扎实了。

二、新体系之路步履蹒跚

我们是留级生，不过，留级生有留级生的优势，我们对于新体系的内容更熟悉，对于其中的难点解决起来更有经验。但是新的难题也会随之而来，今年的学生全部来自农村，而且大部分是外来民工子女，这意味着我们的学生各方面音乐基础为零。开学初我们做了一次前测，把去年实验班的前测与今年实验班的前测做了个对比。

表 2　去年实验班和今年实验班前测数据对比

班 级	节 奏	音 准	音 色	合 作	表 现
城镇学生	通过模仿可以练习简单节奏	大部分学生可以分辨音高	通过练习听辨得比较准确	部分学生可以合作，有个别领头人	学生不一定表现得好，但愿意表现
农村学生	部分学生节奏不稳定	许多学生没有音高概念	通过练习听辨得较准确	茫然，无所适从，不参与合作	很多学生羞于表现

这样的对比意味着我们实践兴趣小组的老师要花费更多的精力去思考、去实践、去反思。同去年相比，我们的班级学生人数少了十多个，从原来的 58 人到现在的 42 人；从去年开始的乱哄哄到今年开始的有些乱，应该说新体系教学对学生人数是有要求的。一段时间的实践下来，能看出今年的新体系课堂学习常规要更为规范。可是农村学生的音乐基础较弱，课堂的音乐常规养成会比较慢。特别是恒拍感、多声部感等音乐习惯的建立，不要说教材中目标的达成，就是老师已经降低了的目标要求也总是达不到。经过三个来月的实践，课堂中学生表现层次差别明显且差距逐渐拉大。积极调整学生之间的学习差距成为老师上课时的兼顾点，我们不得不放慢进度与降低要求，尽量平衡整体掌握水平，因此落实教学技能有些地方显得不够扎实深入。随着教学进度与难度的加深，老师们如果要扎实落实教学要求，教学时间还是稍紧。

我们的新体系实践小组成员来自各个地方，每一次的活动要克服路程、学校工作调整、家庭安排等困难，一年多下来大家都倍感辛苦。借用我们组员的两段话："回望过去一年新体系实践的日日夜夜，有抱怨、有困惑、有担忧、有汗水、有喜悦，但最终我们还是正视困难，啃下'硬骨头'，坚持继续行走在实践的路上。""一年多的新体系实践，真可谓用'坚持'来形容。其实这个坚持倒不是过程有多痛苦，而是来自距离的遥远，来回掐着时间赶场子，遇上堵车那真有一种说不出的心酸。"我们在新体系路上行走，我们在新体系路上探索，但如何在农村学生的音乐课中融入新体系，让我们的课堂更有生命力是我们要思索的。

三、新体系农村本土化且思且行

在实践中我们且思且行，梳理了这么几点疑问。

疑问一：教材中的表演曲目音响资料欠缺，我们采取现场钢琴伴奏或以同体裁曲目进行替换，这样操作是否会影响教学美感？

疑问二：教程与教参中儿歌呈现方式不一致，如呈现教程里的内容侧重文字拼读式，教材上相同儿歌用有线谱或节奏谱和二声部的声势谱。鉴于目前的起始教学，我们该如何取舍呈现？

疑问三：鉴于实验学校条件限制，我们没有新体系的钢琴等系列标准音响乐器来进行新体系教学，只能以钢琴和现有的配备乐器来替代，这样是否可行，会不会影响教学成效？

疑问四：教材中的部分儿歌歌词生僻，不易上口、不易理解、不易记忆，是否能用类似儿歌代替或者改掉部分歌词？

总结前期失败与成功的经验，我们大胆提出自己的想法与做法：为什么不可以这样操作？我们可以怎样去调整？将新体系教学实践置于自然文化背景中进行，拗口的儿歌也有了那么点韵味，越唱还越美了，置身于生活劳动的场景中，学生的动作显得那么朴实而富有创造力。我们相信一切都是最美的，最简单的音符表达最纯真的情感，最生活的动作表达最真实的场景，因为艺术源于生活而高于生活。针对以上疑问，我们针对部分问题实施解决策略。

策略一：针对新体系教材中音响资料的缺失，把人民音乐出版社教材中的音乐用到课堂上，比如上《你有一个名字》这节课，我把《你的名字叫什么》这首歌曲加入其中，丰富了课堂内容。我们还到网上下载音像资料，我们的组员还用非常简陋的设备：钢琴伴奏、老师演唱加高年级学生演唱，再用手机录下来的方式进行教学。

策略二：课前常规的训练落实要更加简明紧凑，逐渐培养"小老师""小标兵"，以生带生，细化落实课堂常规。继续统一各教学组间的常规教学指令、手势、步态、步骤等，要在稳定旧习的基础上引新规，讲细则。

策略三：将购买较好质量的打击乐器提上日程，由于经费有限，目前要购置的是音砖、音条等，只能慢慢改善硬件设施。

策略四：注重培养学生听的能力，并不断丰富改进教学方法，让课堂学习更有趣，也更有效。

一段时间的实践后我们发现之前一次次的修正与调整，我们的教学进度跟上了，并且效果比预期还好。我们还在思考如何能更好地唱，更美地唱，更自如地演，于是新手段来了——加入自己新设计的方案，根据自己的思路调整教学顺序，如果学生兴趣高涨就延长某个环节教学实践，充实丰富的体验；同样的作品每节课的复习有梯度、有层次地再现、巩固、发展学生的能力……摆在我们眼前的还有很多很多的可能性，这正是我们继续的动力。还有许多问题等待我们去实践验证破解，如多声部能力的逐步培养，音准问题的解决，自如吻合音乐性的律动展现，自然流畅的歌声等等。虽然棘手也头疼，但是在一点点地突破解决，一点点地积累提升。陪着学生一起慢慢成长进步，这也是新体系给我们带来的最大乐趣。

四、新体系之路精彩纷呈

新体系作为新生事物有着无限的活力，它作为音乐教学的重要方法有着许多优势。但在新体系实践中，我们既迷茫又坚定。坚定在于，我们感受到了新体系的魅力和它展现出的可观、可测的效果；迷茫的是在各类教学评比、公开课中，纯新体系的教学仍旧是冷门。在这个新旧交替，信息量巨大的时代，如何取舍、融合，成了摆在我们眼前的一大课题。北京的新体系可以那样做，温州的新体系可以那样做，但城镇新体系只能这样做，到了农村又要换一种做法。我们希望新体系引领我们在音乐教学中更进一步，但不要让新体系捆绑了我们的脚步。

没有规矩不成方圆

——新体系理念下小学音乐课堂新常规
的建立与实施

朱彩珠

中央音乐学院自 2011 年起，在全国大力推行融合德国的奥尔夫音乐教育、匈牙利的柯达伊音乐教育、瑞士的达尔克罗兹音乐教育这世界三大音乐教学体系和本土特色的音乐教育新体系，成为继新课改之后又一轮席卷各地中小学音乐课堂的革新风暴。在这场风暴中，各种类型的新课堂、新教学模式、新教学行为如雨后春笋般涌出。新体系以结合中国音乐文化教育实际为背景的本土化使用中为教师们所青睐，使得现今的音乐课堂形式更加开放化，手段更加多元化。音乐课堂教学中教师的授、导与学生的学、思，配合度更紧，融合度更密，对学生知识与技能的培养目标更明确清晰，层次更分明。但实际上新体系教学的落地推广并不顺畅，大班额人数现状的音乐课堂教学，动则乱，静则木，偏向专业化的识谱、多声部合作教学让老师们倍感吃力，时常听到一线老师们抱怨：新体系就是小班化教学的模式，在四五十个甚至更大班额的班级中根本无法进行。但即便是传统的音乐课堂，大班额也会让任课老师感觉吃力一些，辛苦一些。影响课堂效果的因素有很多，显然大班额并非最根本的原因。"让音乐属于每一个人"的新理念似珍珠蒙尘，磨砺待出。可见无论新旧体系的教学，有序的课堂常规与良好的音乐素养培养也是重点之一。

音乐素养并不是天生的，它是经过后天的实践与训练最终形成的修习涵养，是在训练和实践中获得的技巧和能力。2014 年 4 月教育部提出了音乐学科学生发展核心素养，内容包含：审美、创造性发展、表现与社会交往、文化传承。音乐学科核心素养的培养起点应在建立良好课堂常规与有效教学中，两者相辅相成，互为动力，达到核心素养提升的终点。目前使用的音乐教师教学参考用书，其中对于音乐课堂常规的建立训练，无过多更详尽的阐述，这使得教师想要落实课堂常规，促进有效教学，培养学生音乐核心素养的实践与操作有了广阔的空间与更丰富的想法、做法。

《义务教育音乐课程标准》中对音乐课程各领域内容做了以下具体要求：一、二（低）年级"养成聆听的习惯，体验出音乐情绪的异同，做出相应的体态反应。用正确的姿势自然的声音，有表情地独唱、齐唱，能够与他人合作进行综合艺术实践活动等。"三至六（中）年级"听辨不同情绪的音乐，能够体验并简要描述音乐情绪的变化。用自然的声音、准确的节奏和音调，有表情地独唱或齐唱，参与轮唱、合唱。能够与他人合作，进行集体舞，音乐游戏，儿童歌舞剧表演等活动，在有情节的音乐表演活动中担当一个角色等"。音乐学科有自己本身的独特性，不同年段的教学内容的目标达成对学生要具备的音乐素养应有不同层面的要求。我们将小学阶段中良好的音乐素养归为这几点：静心倾听，自然演唱，积极合作，大胆编创，淋漓表现。随着小学年段的增高，对音乐素养的培养层次也随之提高。音乐素养的培养应扎根于课堂教学，而促成课堂有效教学则要落实课堂常规的建立训练。如何让新体系的教学活动在各种班额中都能顺利进行呢，配套的课堂常规是必不可少的。

一、建立新常规的意义

课堂常规是每个学生必须遵守的最基本的日常课堂行为准则。"没有规矩不成方圆"，就像法律一样，限制是为了自由。课堂常规的本质不在于限制，而是为了让活动更有序。从学习的角度来看，学习不仅仅是知识技能的学习，也包含着对规则的学习。蔡元培先生也曾说过："教育者，养成人格之事业也"。习惯决定品质，品质决定命运。小学阶段是培养习惯的关键期，要让我们的课堂更加有效，抓好学生的课堂常规，是教育教学的重中之重。

新体系特别注重学生从实践中获得直接的情感体验，这个理念直接改变了传统课堂学生坐着听，老师站着讲的模式。在新体系的课堂中，凳子已经成为可有可无的东西，老师和学生围成一圈席地而坐，时而转圈，时而如满天的星星般散落在教室的每个角落，时而又如筷子一般紧紧抱成团。所有能想到的曾经只在舞台上出现的各种队形，现在已经成为课堂的常态。手放平、不做小动作的课堂常规已经无法适应这样的课堂模式。如若放任自由，那么教室必然成为闹市，嘈杂一片，课堂效果无法保证。而传统的约束，学生又无法动起来。没有实践就没有体验，新体系的优秀理念就无法贯彻，因此新常规的建立迫在眉睫。

二、适应新体系的课堂常规

课堂常规主要分为这么几类：已经成文的、通用的课堂规范；具有学科专业特点的课堂规范；具有某个班级特色或授课教师个性色彩的不成文的约定；为适应某种特殊活动而产生的常规。本文着重论述在新体系理念下，为新型小学音乐课堂活动而建立的新常规。

1. 出入教室的常规

要求课前排好队，低段学生固定学生排队的顺序，高段学生可自由排队，只要队伍整齐有序即可。进入音乐教室时，比如拍手有节奏地走进教室，听音乐律动进教室，直接小跑步或走进教室，随后或盘腿而坐，或原地站立等待老师的指令。

这样的要求既考虑到低段学生自制能力尚不足，需要更多的规范来约束，又照顾到高段学生已经有自己的独立意识，能够自我管理，渴望自我选择的心理特点。

2. 聆听的常规

聆听有两种，动着听和静听。要求静听时，只要学生保持安静，对于聆听的姿势可让学生先自由选择，或坐或躺，但是选择好之后直到音乐结束这段时间不允许学生随意换姿势和位置。让学生选择姿势，是为了让学生能够更加舒适放松地聆听；不允许换姿势，是为了防止学生在不断变换姿势的过程中，无法静心聆听。这样的要求既有制约又有相对的自由，比起一刀切让学生稳稳坐着听，更容易为学生所接受。

当动着听时，学生或是跟老师统一动作，或是自由律动，除非有特殊情况出现，一般要求学生无论怎么动，嘴巴不能出声，不能够触碰他人身体；脚上只能有动作，没有特殊要求不能发出声响。动态的聆听，目的仍然在听，不在动，动是为了更好地听。一旦在动的过程中出现其他声响必然会影响到学生聆听的完整性和清晰度。因此在大动作的情况下，始终把不能出现音乐之外的异响作为硬性指标和常规要求。

3. 律动的常规

律动是新体系出现之后，音乐老师们听得最多，也是实践得最多的一种教学手段。以往的动，多偏重表演或舞蹈，而且主要针对课堂的中后期，由表现比较优秀，有表演天赋和愿望的学生来完成。新体系主张"让音乐属于每一个学生"。因而律动不再是少数优秀者表现的产物，它成为音乐课堂上最常规的面向每一个学生的一种教学手段。我所任教的班级学生人数都在50人以上，面对如此庞大的队伍，没有要求的律动无疑会让教室成为闹市，课堂也无法进行。

为此，我和学生约法三章。首先，律动中，除非是合作，比如牵手、对拍等活动之外，不能接触他人身体的任何部位。其次，律动的时候必须伴随大脑的思考，有感情地律动，随着身体、手足的律动，眼神、表情也要跟着同步动起来。最后，律动时，要学会观察周围的环境，找最佳地点，与人保持最佳的空间距离。

4. 违反常规之后的常规

每个集体中总少不了一两个脾性特殊、稍显调皮的学生，也总会有一不小心忘记约定的情况。这种时候，我常用的方式是，暂停学生参与活动的权利。比如在律动中如果学生违反规则，那么就请这个学生暂时出列，到一旁反思几分钟，再让学生重新回到活动当中。

5. 鼓励的常规

落实常规习惯强化是一方面，有效评价调控也必不可少。你给学生多少希望，学生就会回报多少惊喜。几乎每个老师都有自己特殊的鼓励学生的方式，比如奖章、卡片等等。我的方式则是根据每一节课的内容，制作不同的音乐道具、小音符、音乐记号等等，当学生表现出色，就把这些小音符作为奖励送给学生，累计5个小音符可以换取一次担任音乐小导师的机会，累计15个音符奖励将在阶段性音乐考核中多获得一个"＋"。激励性有效的评价使得学有方向，练有动力，赛有活力。针对小学生好学、好胜的特点，教师要充分发挥评价的导向、激励、调控功能，促进课堂常规的落实。课堂中的评价要关注过程、关注细节，包含对学习态度、参与情况、思维状态等内容。激励评价并非一味地追求肯定，也应该指出不足，不单只是"你真棒"，而是"你棒在哪""如果这样会更棒!"等有效调控、科学评价，让学生找对方向，勇敢前行。

6. 音乐指令性常规

常常听到低年级教室中传出"一、二、三、四""坐好位置"这样的纪律指令。在音乐课中，为了区别于其他课堂，体现音乐课堂的音乐性，我专门设计了几种音乐课专用的指令。比如上课开始的指令，会用一组上行音阶，或者一小段活泼的音乐片段。当学生在一个集体活动之后不能迅速收住激动的情绪时，就用 XX XX X 这样一组节奏来提示，当老师拍完这组节奏，学生马上要跟着拍相同的节奏并立即回到原位静下来。当有人出现违反课堂纪律而又不方便打断活动时，老师会在钢琴上弹奏一组刺耳的和弦以引起学生的警惕。

相比直接的语言，这些符号性或者音响型的音乐指令更容易让学生接受，尤其是高年级的学生，往往接受不了老师当众提醒，这样的指令既照顾到学生的心理又潜移默化地传递了隐性的音乐知识。

7. 合唱及乐器演奏常规

音乐活动本身是一种综合性的实践活动，教学活动中的学生始终在集体活动中互相影响、实践着。积极合作是高层次的音乐素养能力，合作能发挥个体的智慧与集体的聚力相凝结通达成功的目标，体验交流、互补、融合的学习乐趣。尤其歌唱表演，即兴创作上，以合作方式更容易获得成功，在合作培养方面教师可从学生已有的生活经验入手，可以师生合作、生生合作等方式进行。如合唱教学中，添加的低声部学习是需多花时间学习磨合的，初学时，师生合作中将教师的角色先定位为"一人低声部"，与已熟悉的"集体高声部"可以快速合唱感受效果，熟悉后，即可生生合作，教师只做帮、扶，待完全掌握后，逐渐淡化教师的指导帮扶，鼓励生生合作展现自我。

课堂教学的器乐伴奏、合奏时，学生兴奋度极高，最易扰乱课堂秩序。融洽的合作方式不可能一蹴而就，需逐步互动完成，可先让学生跟着教师空手模仿练习，明确伴奏任务后，再发乐器练习。在合奏活动中提出要求：相互配合，分工明确，融入集体，合奏不掉队。每一次合奏伴奏完毕引导学生说一说，评一评，与大家交流想法，评议自己的任务完成度，找找需要完善的部分，再次强化练习。强化合作的课堂常规，在音乐学习中培养坚忍的意志力，形成集体观念与课堂秩序，使更多有意义的音乐活动能顺利地开展。

三、新常规的实施

提出一个新要求非常容易，但是实施起来又需要一个漫长的过程，会遇到怎样的困难往往也要等到实施之后才能够清晰地看到。要保证新常规的顺利实施，有以下几个需要注意的地方。

1. 指令明确

在课堂活动中，想要让学生遵守约定或规则，教师首先要让学生清晰地知晓，老师所给出的指令无论是言语措辞还是音效节奏都必须简洁明了，不能模棱两可。甚至老师在提出要求时的表情也必须是非常肯定的。比如想要用一组和弦来提醒学生注意听课，这组和弦必须是明显区别于这节音乐课的内容，而且必须是不和谐的和弦，让学生一听就能注意到，最好是固定几个和弦，学生一听就能产生条件反射。

2. 常态实施

既然是常规，就应该是作为每节课的日常内容来实施，不能朝令夕改，今天想起这个就这样要求，明天想那样又换一种方式，弄得学生摸不着头脑，不知道该遵循哪一种方式。

另外，"坚持"十分重要。一项新规出现的初期，学生会经常忘记。这种情况下老师一定要坚持实施，实时提醒，帮助学生尽快建立常规意识。比如一年级的学生刚入学时，空间距离感非常差，一到课堂走圆圈的时候，要么就是几个人挤在一起，要么就会出现圈圈越走越小的情况。如果这时候老师放弃，那么学生可能永远也不能按照你的要求走出一个人均距离基本相等，空间距离最佳的圆。只有老师坚持到底，每天进行训练，不出一个月，一年级的学生就能比没有经过训练的六年级的学生走得还要好。

3. 反馈更新

有反思才会有进步。一项新的规则的出现，往往需要一段时间去验证其科学性和可行性。这就需要实施者进行阶段性的总结与思考，并适时加以改进。我在实行奖励措施时，发现刚开始学生对于拿到的音符卡片或者音乐小道具非常感兴趣，效果也非常好，一段时间之后，学生的激情便逐渐减退，这个时候我及时给予调整、升级，增加了每集满五个音符卡就能换取一次担任音乐小导师的机会，学生的激情再一次被唤起来，且效果显著。

参考文献：

[1] 陈蓉. 音乐教学法教程 [M]. 上海：上海音乐学院出版社，2013.

[2] 吴文漪. 音乐教学新视角 [M]. 北京：人民教育出版社，2007.

[3] 中华人民共和国教育部. 义务教育音乐课程标准 [M]. 北京：北京师范大学出版社，2011.

[4] 叶文. 浅议过程教育视角下的"新体系"音乐课程特点 [J]. 陕西教育（高教版），2013（10）.

新体系下小学低段音乐课堂
节奏训练的实践

陶伶俐

一、实践的背景及意义

近两年音乐新体系如一股清风吹进了我们的音乐课堂，为我们的音乐课堂注入新的活力。在新体系背景下，儿童音乐教育改革的内容与策略包括：以"让音乐属于每一个学生"为教育理念，以音乐的艺术性活动过程为主要教学内容，以学生获得感性音乐经验为主要教学目的，以自主情感体验为关键教学环节，以内心音乐联觉为重要音乐能力，以音乐实践活动作为重要教学方法。音乐课堂也从极度关注理性的乐理知识到后来的极度关注感性的感知表现，到现在的致力于综合。

但我们的音乐课堂还是存在很多问题，比如学会一首歌、聆听一首曲子就算是完成一节课的任务了，又或者老师卖力地进行乐理知识教学，不管学生买不买账，教了就行。这样的现象数不胜数，有些老师不思考、有些老师很困惑、有些老师无从改善。在多次的音乐新体系培训以及实践中，我们逐渐明确音乐课的首要任务是要让学生喜欢音乐、走进音乐，这就非常有必要从小学低年级就开始培养学生的节奏感和音准，让学生喜欢音乐、表现音乐，从而创造音乐。

小学阶段想提高学生的音乐素质与能力，进行节奏训练是十分必要的，也是必须训练的基本内容。但是许多低年级学生欠缺音乐节奏感，无论是唱歌还是律动都没有准确的节奏感与韵律感，更不能准确操作简单的打击乐。因此，有必要对此类问题的学习活动进行研究，培养其音乐兴趣，以此来提高低段小学生音乐课堂教学效果。

为此，我们开展了基于新体系下的小学低年级音乐课堂节奏训练实践研究。通过研究旨在寻求适当、有效的小学低年级音乐课堂节奏训练策略，让节奏、音准、律动等音乐教学活动密切结合，以促进学生音乐素养的发展。我们尝试从小学低年级开始逐步有计划、有层次地进行相关音乐课堂节奏训练，并将新体系的教学自然、有机地融入新音乐课堂中。让老师们的头脑"动"起来，让身体也跟着"动"起来，继而带动学生乃至整个课堂"动"起来，让课堂生机勃勃，"动"感十足，也希望通过音乐实践让学生获得体验，培养学生敏锐的音乐感知力、较强的音乐记忆力、准确的视唱读谱能力、注重内心连觉等重要的音乐能力，从而发展音乐感，让音乐属于每一个学生。

二、实践的主要内容措施

1. 源于生活，悦之戏之——感悟节奏

音乐源于生活与劳动，音乐节奏要素与生活息息相关，密不可分。低年级学生的节奏感并不稳定，讲解深奥的乐理知识不仅难以消化理解且无形增加了他们学习的负担。根据低年级学生活泼好动、善于观察的特点，我们将课堂的节奏教学生活化、形象化、趣味化，把专业性、理论性的教授通过仿演、游戏的方式来轻松解决。

实例一：《听鼓走》。师轻轻击鼓，让学生听鼓声自己行走，要求一不能碰到他人，二不能跟随别人，寻找自己行走的独立空间活动。鼓声停，步停止；鼓声起，继续走。先以一拍一下的恒拍节奏方式进行，待学生熟悉能听鼓声即迅速做出反应后，适时加入音量大小的变化（通过体态反应）、速度的变化（跑与走）、无节拍即兴节奏到有规整节拍过渡的变化（记忆节奏规律）等，进行节奏训练。针对听觉做出反应进行训练，以生活的步伐感悟节奏的变化，做有效节奏训练。

有效课堂表现：通过活动直接将音乐的恒拍与停顿，节奏的长与短（四分与八分），强与弱，节奏的节拍规律特

点通过游戏的方式，以行走和体态反应来感悟，既简单又不失趣味且练习有效，从而培养学生的专注力、感悟力。

实例二：基本节奏模仿秀。列出一种基本节奏，师示范并引导启发学生结合生活场景练习，进行模仿秀展示。如 XX 可念做：滴答（闹钟）或乌鸦（动物名）；呱呱（动物叫声）XXXX 可念做：咚哒咚哒（模仿小军鼓）或嗨佐嗨佐（劳动场面）；X—可念做：哗啊（流水声）等等。

有效课堂表现：将节奏与生活的场景串联起来，化枯燥的节奏练习为有趣丰富的联想模仿秀，不断重复加深记忆也是最有效的学习方式之一，节奏模仿秀不仅巩固了所学基本节奏，而且能举一反三进行拓展运用。

我们以"动"态方式感悟"静"态知识，在宽松自如的环境中学，在愉悦的游戏中体验，在生活常态的点点滴滴中领略节奏的魅力，充分调动学生学习节奏的积极性，激发学生丰富的想象力。结合律动入手，包括声势律动和体态律动，在律动声势中感受节奏的紧密与舒展、节奏的声部层次感、节奏的强弱等等，在体态律动中感受音的长短、乐句的长短。

2. 诗词歌赋，郎朗上口——韵律相生

"有词才有曲，有诗才有歌"。显而易见，歌曲的美离不开词的意境美与旋律的优雅美，词曲完美结合与歌词所采用的诗词声调、节奏韵律有关，掌握这微妙的韵律节奏感需要我们从朗诵开始。从朗诵词语到朗诵句子，继而朗诵童谣、儿歌，不仅要有节奏，而且慢慢地还要加上语气，加上声部及律动等。

实例一：新体系教材一年级上册部分《叫名字》。教师带领学生围成圆圈，用节奏棒敲击恒拍念童谣：我有 一个 名字，｜你有 一个名字｜我们 都有名字。｜我是（某）老师，‖：你叫什么？｜（生）我叫（某）（某）｜（众）（某）（某）｜我们 一起 做游戏 0：‖教师不断用自信的语气、声调重复说出自己的名字，并在圆圈内循环游戏，随机点到的学生同样自信地回答，学生熟悉应答之后，再加上动作和神态继续游戏，比如第四、第六小节时师与生向前迈出一步，挺身拍胸脯，最后一小节集体做一个动作等。

有效课堂表现：名字是一个特殊的符号，每个字不仅有汉字的阴、阳、上、去四声调与平、翘舌，以及前、后鼻音，组合成名更包含美好的期许与祝福，每个学生的名字按节奏、声调，优雅自信地念起来也是朗朗上口、韵律十足。低年级学生训练节奏、了解字词的韵律就从自己的名字开始，或铿锵、或优美、或朴实、或悠长，读出了韵味，体验了韵律又不失趣味性，在低年级起始课阶段把它作为每节课前的游戏小环节，对于逐步培养师生间默契节律式交流、稳定内心恐怕很有效。

实例二：诗词大会。以学生熟知的诗词为主体，教师示范深情朗读或请学生富有感情地诵读，请听的学生根据朗读拍出节奏来。如："春眠不觉晓，处处闻啼鸟"——"XX XX X－｜XX XX X－｜"；"其多列，其多列，上山坡去捡竹叶"——"XX X｜XX X｜XX XX｜XX X｜"……

有效课堂表现：经典的诗词不仅字词句优美，诵读的本身就包含了特定的节奏韵律，深情的诵读使人产生丰富的想象与美感，让学生诵读不仅找到合适的韵律节奏、感悟诗歌的内在美，听诵并拍出节奏又强化了诗歌节奏形象的把握，培养了学生对音乐的听、记、忆的能力。

"古今中外，没有诗是无节奏的，它们或先抑后扬，或后先扬后抑，或抑扬相间，节奏之诗的外形也是它的生命"（《郭沫若论节奏》）。所以诗歌美的重要部分是节奏与韵律，它的长短、高低、快慢等形态富有规律性的变化与人内心的情感变化存在相对应的联系。我们将诗歌诵读与节奏训练结合，随性而诵，随心而读，培养学生内心的音乐节奏感，把握舒缓紧凑的节奏，抒发内心的情感。

3. 经典锣鼓，鼓之击之——体验节奏

中国传统锣鼓经是非常经典且有趣的节奏，我们尝试在现今使用的音乐教材中穿插植入传统锣鼓经来加强节奏训练，这不仅能提高学生兴趣，拓宽节奏训练面，增加合作能力，领悟其精髓与韵味，也弘扬了我们的民族音乐文化。从一年级开始学生认识的打击乐就有鼓、镲、钹、锣、

木鱼等，这些简单的打击乐器使用起来却不简单，既是单独的音色节奏打击乐器，又可为歌曲的进行简易伴奏，还可组合使用演奏锣鼓经。锣鼓经是一个丰富的宝库，我们选取最基本的锣鼓常识，以简易经典的锣鼓段子作为入门学习。我们人音版教材也有相关内容的安排，二年级上册的《过新年》，就是锣鼓经的第一次接触，到后面的民间打击乐以及京剧欣赏中都有锣鼓经练习。

实例一：经典锣鼓经学习。先以声势模仿，如"七""起"——大钹、"台"——小锣单击、"令"——小罗轻击、"冬""同"——大鼓单击、"乙""个"——休止……接着配以锣鼓等常用乐器进行伴奏或合奏演练。

（例）锣鼓经选段：

仓　才｜仓　才｜仓才　台才｜仓　才：‖

（图例）锣鼓谱伴奏：

有效课堂表现：植入锣鼓经的课堂节奏训练特别受学生欢迎。课堂中锣鼓齐鸣，气氛活跃，乐此不疲，这样的节奏训练学生的关注力度高，求知欲望强。训练不仅涵盖了常见的基本节奏，将节奏与经典民族文化结合，浓烈的中国味、戏曲风、古朴情，既拓宽了音乐节奏的视野，又增加了节奏体验的多角度与多方位。

实例二：《老虎磨牙》片段欣赏体验。根据音乐片段的特点，分析音乐中的乐器音响、节奏特点，以学习小组的方式自由选择由教师提供的打击乐器（木鱼、锣、鼓、拨/板等），进行"老虎磨牙"情境再现。具体过程：讨论—选择—磨合—展示。

有效课堂表现：节奏知识技能的训练有效掌握最终在于得心应手的运用。在这带有编创式的节奏体验环节中，学生听、悟、想、选、动、合、演均凸显节奏训练中由模仿到创编的学习过程。小组合作积极，生生互动融洽，节奏碰撞出智慧的火花，教师的教学也从"扶"到"放"悄然"功成身退"。

三、实践成效

通过一年半的实践与研究，我们惊喜地发现经过长期有计划有层次的课堂节奏训练，学生对音乐节奏、节拍、乐句等能敏锐地做出相应的反应，逐步形成记忆节奏、记忆乐谱的能力，学生视唱读谱能力大大提高，书本上的简单歌曲基本会读谱，生生合作能力也随之发展增强。另一方面，在实践过程中教师的教、研能力均得到不同层次的提升发展，理念不断更新，手段不断丰富，想法不断创新，做法不断突破。

但新体系如何跟我们的教材结合、跟我们的课堂结合、跟我们的实际结合，我们还面临以下困难。

（1）设施简陋、多有困惑。班级人数较多，场地不足，器材不全，老师如果没有预设好或是调控能力较弱，课堂中难免会出现混乱，想要游刃有余、灵活生动地开展音乐活动还有一定的距离。

（2）认识不深、教材限制。很多老师对于新体系教学、体态律动等还很陌生，这归结于学习的机会相对主要学科较少，先进的教育理念和优秀课例不能及时得到分享，在实践中就出现或没开展或是开展了效果不佳的现象。再则引进优秀教学体系，不能照搬全抄，而是要根据教材结合国情融合民族民间音乐，做到有机整合，才能活学活用。

（3）如何持续、满足需求。引入一项新体系教学，其实践、探索、检验必然需要一个周期，因为"新"而没有经验可仿照，因为"新"而在后续的持久梯度深入实践中满足学生不断发展的需求上必须靠我们以坚定的步伐勇往直前。

参考文献：

[1] 李妲娜，修海林．奥尔夫音乐教育思想与实践 [M]．上海：上海教育出版社，2011.

[2] 陈蓉．音乐教学法教程 [M]．上海：上海音乐学

院出版社，2013.

　　［3］方少萌．奥尔夫音乐教学法实用教程［M］．上海：复旦大学出版社，2014.

　　［4］中华人民共和国教科部．义务教育音乐课程标准（2011 年版）［M］．北京：北京师范大学出版社，2011.

　　［5］王丽新，钟恩富．奥尔夫音乐教学法本土化研究［M］．长春：东北师范大学出版社，2015.

　　［6］高建进．高等院校音乐教育专业实习课教学（小学一年级上册）［M］．北京：中央音乐学院出版社，2013.

在律中感知，在动中体验

——小学音乐教学开展体态律动，构建有效课堂策略探究

邓婉雁

体态律动由瑞士教育家达尔克罗兹首创，即以身体的律动来表现音乐的节奏，在人体动作中找到对节奏模式的准确体验，在动作的变换和速度变化中获得对力度、速度的准确理解。一个多世纪以来体态律动作为世界著名的音乐教学法，得到了推广和普及，并在各类艺术院校和普通学校广泛采用。

一、开展体态律动，构建有效课堂的研究背景

闻风而动——随着三大音乐教育体系在我们音乐课堂的推广，体态律动也越来越为我们所熟悉。很多老师"闻风而动"，在音乐课堂上运用了体态律动，但我们往往关注了律动的表象"动起来"，而忽略了律动的内涵"为什么动"，所

以出现了很多散、杂、闹的"动起来"。当我们把目光聚焦到"为什么动"时，我们就会发现体态律动勃发的生命力，这对我们的音乐课堂教学有效性起到了举足轻重的作用。

不得不动——"言之不足，嗟叹之。嗟叹不足，歌咏之。歌咏不足，手之舞之，足之蹈之。"这可能是表达人类情感的最高境界，因此音乐课中的歌、舞也就是情感表达的最佳途径。同理，体态律动也是以此为出发点的，它关注自身的情感体验，关注在律动中感知。体态律动教学更生动更直观，能帮助学生更简单地走进音乐世界，关注参与、体验、实践，同时培养学生的各种音乐能力，可谓一举多得，所以我们"不得不动"！

二、开展体态律动，构建有效课堂的实施策略

在小学阶段开展体态律动有着很大的意义，不仅激发学生的学习兴趣，而且大大增强了节奏感、协调感、空间感等音乐能力，从而有效提高了小学音乐课堂教学效率。体态律动有两种类型：一是原地型，包括拍掌、摆动、转动、指挥、旋转、弯腰、语言、歌唱等，二是空间型，包括走、跑、爬、跳、滑、蹦等。这两种类型动作可以组合成各种形式。在上述学习的基础上，教师可以促使学生将运动与声音内在地结合在一起，发展内部听觉和动觉能力、动觉的想象和记忆。通过一段时间的实践我提炼出以下几种策略。

1. 旋律—体态—感知策略

旋律是指经过艺术构思而形成的若干乐音的有组织、有节奏的和谐运动。它建立在一定的调式和节拍的基础上，是音乐的灵魂部分。体态律动通过"动"让学生充分的感知，获得音高、音的长短、节拍、乐句等音乐要素的感性认识。在体态律动中熟悉歌曲旋律后再学习歌曲就水到渠成了。

实践镜头一：《山谷静悄悄》（在学生熟悉旋律之后进行）。

"同学们，请你站起来走进画中，如果你觉得一个乐句结束而另一个乐句开始了就改变你的前进方向，可以在整个教室中自由选择行进的方向，看看谁最会找属于自己的空间位置而不与别人产生碰撞。"音乐响起，学生边听边走，自由地走动，我发现此时学生的脚步同刚进教室时相比，已然有了节奏、有了音乐的感觉。琴声刚停，学生忍不住兴奋地高高举起了手，"老师，是两个乐句！""是四个乐句"。我没有否定错误的学生，只是对正确的学生说"英雄所见略同！"经过这么多次不同方式的聆听，两个乐句的旋律对于四年级的学生而言早已经了然于胸，带入歌词也就水到渠成了。

有效课堂表现：这个活动要求学生注意力非常集中，学生之间的合作和配合也很重要。学生在整个活动中投入的模仿，认真地听辨音的长短和旋律的进行，特别是对音乐的节拍以及乐句有了更好的感知,并在多遍活动中聆听记忆了歌曲旋律。

2. 节奏—体态—体验策略

节奏是歌曲的骨架,我们经常在学习歌曲前安排许多节奏练习。读、拍、声部等,学生却总觉得练习节奏又复杂又难,有一种畏惧心理,而老师也总是纠结让学生练附点节奏、切分节奏、前十六分后十六分,练不好觉得自己没教好,想练好学生的配合度又不高。把体态律动渗入节奏练习,使理性的东西变成感性的,学生就可以在体验中获取经验和音乐要素,让我们音乐老师的纠结心理得到大大的缓解。

实践镜头二:《母鸡叫咯咯》。

歌曲感知部分我是这样安排体态律动的:律动一,在音乐中行走,在乐句处转头;律动二,在音乐中跺脚拍腿,八分跺脚四份二分拍腿;律动三,在音乐中感受音乐形象,学生把自己感受到的形象用动作表现出来。

有效课堂表现:让学生在行走中感受节拍,在转头中感知乐句,在跺脚拍手中熟悉节奏的同时熟悉整首歌曲的旋律,在体验中自由想象音乐形象,为学唱歌曲打下坚实的基础。

实践镜头三:《荡秋千》。

开始师声势律动 X XX｜X X‖(强拍拍手,弱拍拍腿,有基础的班级可以更复杂),让学生自己看清楚了就轻轻的加进来。师生一起反复练习，直到全部的学生熟练。然后老师的动作发生变化（加入脚步的动作，一拍一步恒拍），学会的同学也跟着走起来，注意都先迈右脚（直至熟练）——注意我的方向要发生变化啦（继续练习至熟练）（老师适时加入声音 1 $\underset{\cdot\cdot}{55}$｜6 5‖咚咚咚咚咚，并要求学生仔细听，当老师的声音发生变化时就改变方向）。接着请学生继续行走，老师在木琴上敲出所唱的音，让学生边做边唱，请一个学生帮老师演奏木琴。师生跟着木琴一边做一边唱。

有效课堂表现：这个律动既是在律动中感受四四拍的规律，同时又为后续的固定音型伴奏打下基础。手和脚的配合就已经形成节奏二声部，加上主旋律和固定音型伴奏，就是四个声部的完整呈现，都要在脚步的恒拍中进行，在手部的节拍中灵动变化。

3. 道具—体态—激趣策略

小学生的好奇心强、注意力时间短、对新事物有强烈的兴趣，这样的心理特征促使我们老师要多动脑筋变换教学手段，让课堂既新又稳。那么在体态律动中加入一些小道具就是很好的激趣策略。这些小道具可以是一条纱巾、一个球、一根橡皮筋、一支笔、一个小盒子等等，让学生在小道具的帮助下更快乐的参与体态律动。

实践镜头四：《云》这首歌的体态律动。首先是在音乐中传递纱巾。每个同学双手摊开并放在一起，从第一个同学开始传，必须在音乐的强拍下把纱巾准确传到下一个同学。

有效课堂表现：采用道具辅助律动，让课堂更生动有趣。学生喜欢了就更主动了。在律动中学生对歌曲的旋律进一步熟悉了，也为之后为歌曲学唱打下基础。

4．歌唱—体态—提升策略

我们的歌唱教学往往以演唱为主，没有多少动的部分。有时候的动对歌唱毫无好处，反而让课堂纪律很难掌控，还会出现只知道做动作不知道唱歌的现象，这样就得不偿失了。但合适的体态律动不仅淡化教学难点而且让我们的歌唱更动听，同时也让我们的学生更喜欢，这就需要音乐老师精心的设计，必须从歌曲的音乐要素出发关注歌曲音乐形象，这样才能事半功倍，让学生的情感得到尽情释放，让学生的歌唱得到有效的提升。

实践镜头五：《采菱》的歌曲学唱。

在完整感知后，老师说："如果让我们划着小船，去欣赏这江南水乡的景色，是多么美的事啊！"让学生跟老师一起划小船，师边划边唱。

$$\overline{1\,2}\ |\ 3\ 3\ \overline{2\,1}\ |\ 3.\ \ \overline{6\,1}\ |\ \overline{2\,2}\ \overline{1\,6}\ |\ 2\ -\ |$$
啊　划呀　　划，　啊　划呀　　划，

动作要求："啊"的时候起势，"划呀"往外推，第二个"划"往里收。师生一起边划边唱。

有效课堂表现：这句旋律比较难，音比较高、一字多音较多、切分节奏不好把握。但这个律动的运用把这些问题都淡化了，特别是切分和一字多音可以解决得非常好。老师在声音位置上再有所提示就更好了。

实践镜头六：《小纸船的梦》。

导入环节，老师说："老师今天带来两个梦想与大家分享，听听看你更喜欢哪个？说说你的理由。"老师演唱两个梦想，采用歌曲的结束句，一个不加降记号（老师做一个双手平铺张开的动作），一个加降记号演唱（老师做一个双手平铺在唱到降记号时做个握拳动作再张开），然后在音乐中模拟小船摇摆行进，感受三拍子摇曳的特点。

有效课堂表现：通过动作和比较学生更能体会加入降记号后梦想充满期待的感觉，在摇摆律动中感受三拍子，体会歌曲向往、优美的情感。

5. 欣赏—体态—参与策略

我们的音乐欣赏常规教法就是采用聆听法、谈话法等，这些对于小学生来讲早就已经枯燥乏味了，在情感上也是处于接收状态而没有自己的情感和想法。这样就禁锢了学生的想象力和创造力。体态律动追求的就是让学生参与体验，老师只是起引导作用。引导学生通过体态律动感受表现音乐情绪，在体态律动中熟悉音乐，在体态律动中寻找自己最真实的情感，在体态律动中进行最自我的想象创造。可以通过拍手、拍腿、跺脚、摇摆、行走、模仿声音等等参与到欣赏活动中来，达到音乐和个人的交融。所以在欣赏课中开展体态律动能加深学生对音乐形象和音乐要素的理解。

实践镜头七：《夏夜》的欣赏。

初听过后进入细听环节。邀请学生参加森林音乐会，"想参加音乐会，我们必须得先排练一下。"

（1）开场虫鸣。"你觉得音乐想描绘什么，请你用动作、表情表现出来。"鸟儿"咕—"，青蛙"0 呱呱"，蝉"知了"并加上生动的肢体动作。

（2）初听主题音乐。"一听到这个主题，你想做什么?"

（3）"叫声"——强调音量，节奏要准确。三声部贯穿始终。

（4）"拍打声"——拍手、拍身体、拍凳子。

（5）"动作"——统一、此起彼伏、统一。

（6）中场虫鸣。中场休息。

（7）合练一次。当主题音乐响起，10 人分别同时进行。

（8）尾声虫鸣。

有效课堂表现：这个环节整个就是参与体验环节，通过体态律动和叫声学生置身于森林之中，并对音乐主题有了最直接的关注、聆听、记忆。在参与体验中，学生获得了快乐也获得了音乐能力。

三、开展体态律动，构建有效课堂的阻碍因素和关注要点

开展体态深入，构建有效课堂的阻碍因素有以下几个

方面。

1. 设施简陋，多有困惑

体态律动属于体验教学范畴，老师必须要和学生一起做体验活动。我们的班级学生人数本来就比较多，老师如果没预设好或是调控能力较弱课堂中难免会出现乱的现象。还有音乐室、音乐器材的不完善，这些均限制了体态律动在小学阶段音乐课堂的全面开展。

2. 认识不深，教材所限

很多老师对于体态律动还很陌生，同时学习的机会相对主要学科来说也会少一点，所以先进的教育理念以及较好的课例不能及时得到分享，在课堂实践中就出现了没有开展或是开展了效果不佳的现象。从国外引进的教学法虽具有它们的本土性，但与我们的教材内容有着不切合的地方。我们也不能照搬全抄，而是要根据我们的教材结合我们的国情融合我们的民族民间音乐，做到有机整合才能灵活运用。

开展体态深入，构建有效课堂的关注要点有以下几个方面。

1. 活动中——学生做主体，老师来引导

我们在体态律动中往往是担心学生出错，告诉学生怎样要怎么做必须怎么做，从而老师很累学生很纠结。对音乐来说没有对与错，只在于适合不适合。我们不要太纠结学生的姿势，多体验参与就好。不要苛求，要长期的潜移默化、持之以恒的实践学生才能进步。但在节奏上，要建立拍律感，形成正确的时值概念。

2. 编创中——全盘考虑，简单简洁

体态律动简单但不简陋，它既有聆听又易于掌握。在编创体态律动中老师要注意：一开始要全盘考虑，就是教师要给予学生非常清楚地设置条件框架。例如，几拍做一个动作，在哪个地方进行变化，节奏型要简单易学等。同时，在体态律动教学活动中要注意，各类活动不是为了要经常做才有效果；活动设计简单简洁，只要让学生愉快的参与就好；活动设计要根据学生的程度提高难度，不能永远一成不变。

近年来，音乐新体系的体态律动教学在我们音乐课堂中开展的轰轰烈烈。其实我们一线老师还是有许多困惑和迷茫。各类培训和学习也让我们知道了什么是新体系、什么是体态律动，但怎么跟我们的教材结合、跟我们的课堂结合、跟我们的实际结合，还是一条漫长的实践之路。让我们前行在路上，越走越好。

参考文献：

［1］曹理，何工. 音乐学科教育学［M］. 北京：首都师范大学出版社，2000.

［2］陈蓉. 从头到脚玩音乐［M］. 北京：少年儿童出版社，2015.

且索且行篇

案例1：《小放牛》

陶伶俐

【创新出处】

《义务教育音乐课程标准》中提出要弘扬民族音乐，要将我国各民族优秀的传统音乐作为音乐课重要的教学内容，通过学习使学生了解和热爱祖国的音乐文化，增强民族意识和爱国主义情操。新课标也着重强调并重视音乐实践，积极引导学生参与各项音乐活动，将其作为学生走进音乐、获得音乐审美体验的基本途径，这与新体系实践教学的理念不谋而合。为此，我选择小学三年级下册的《小放牛》作为教学内容，并尝试设计多形式的音乐实践活动，通过听、想、动等多感官参与，不断丰富情感体验积累，让学生学会音乐表达，让音乐属于每个人。

创新一：乐·听

学生在进行有意义的音乐活动全过程中，听就是最好的音乐体验手段。在欣赏教学中听是基础、设置以听唱问答、听辨音色、听析人物、对比聆听等多样式多目的的聆听体验，让学生体验愉悦，体验美感，从而激发兴趣，持久学习。

创新二：畅·想

想象、联想、幻想、畅想都是让学生内心音乐插上翅膀的动力源，也是听懂音乐、享受音乐美的乐趣所在。新体系教学以人为本，而不是以乐为本，学生的情感体验、自主、个性不能由他人替代或者一刀切，教师应根据音乐的想象合理并保留其独特的见解，打造开放式的听想空间，让学生获得精神愉悦、情感满足。

创新三：悦·动

古有云："言之不足而咏之，咏之不足则手之舞之、足之蹈之"，可见手舞足蹈是情感表现的最高境界。结合民族民间音乐特点，本节课选取丝巾为听赏析律动表演的辅助教具，以帮助学生更好地模拟演奏、律动、表演，掌握音乐的形式，理解音乐的内涵，表达音乐的情感。

【单元浏览】

三年级下册第六单元的主题是牧童之歌，本单元围绕主题选编了三首牧童题材的歌曲：《剪羊毛》《孤独的牧羊人》《小小羊儿要回家》，这些歌曲风格迥异又充满生活情趣，可以充分感受到作曲家笔下不同的牧童形象，体验劳

动生活的乐趣。《小放牛》是本单元中较具特色的一首唢呐
与乐队合奏，是由民间歌舞改编成的欣赏作品，作品中不
仅包含有问答式的音乐特点，唢呐式丰富而奇妙的音色，
而且朔造的机敏活泼的牧童与村姑形象栩栩如生，极大地
激发了学生探索民族民间乐器、音乐的兴趣。

【教材分析】

此曲原为民间歌舞剧《小放牛》中的一段载歌载舞的
男女对唱，描写村姑向牧童问路，牧童故意考问她时的风
趣情境。旋律质朴流畅，轻快活泼。乐曲以河北民歌《小
放牛》旋律为基本素材改编而成，通过对旋律的变化与发
展，在不同速度中的多次出现，形成三个段落。其中以唢
呐不同音区声腔的变化表现两角色一问一答的情形，幽默
风趣，活泼生动。

【学情分析】

三年级的学生具备基础的音乐素养，如静心聆听、自
然演唱及表现，但视唱能力弱。识谱教学刚开始，音乐欣
赏中，学生虽表现欲望强，但分析能力较弱，知识积累尚
不足，部分学生会只图热闹而忽略音乐的美。本教学设计
中选取的是三年级下册内容，教学目标要求相对要高，学
生音乐学习从感性逐渐向理性过渡，故在教学设计中，针
对具体学情要适当放低要求，如识谱视唱、音乐知识扩充
等。同时，借助恰当的音乐教具进行辅助教学，既保持了

学习兴趣，又提高了教学效率。

【教学目标】

1. 认识唢呐，感知音色，了解其丰富的音乐表现力，并听辨不同音乐主题。

2. 引导学生积极参与音乐实践活动，采用听、唱、动、辨等形式。

3. 激发学生对乐器唢呐的探索兴趣，感受民族乐器，民间音乐的独特魅力。

【教学重点】 认识并了解唢呐，增强学生对音乐形象的感知能力及音色听辨能力。

【教学难点】 引导学生积极主动参与音乐实践探究，展开想象，自如表现。

【教具准备】 多媒体课件、钢琴、纱巾、唢呐。

【教学流程】

活动一：热身问答

活动目标：师生互动游戏体验问答，问答铺垫为教学切入点，旨在营造快乐轻松的音乐氛围，凝聚课堂学习注意力。

活动步骤：

1. 师：同学们真精神！我们先来个热身游戏"老师问，你来答"，比比哪些同学反应快，说得对，摆得妙，唱得好。

2. 师：春季开的是什么花？

生：春季开的是××花。

师：夏季开的是什么花？

生：夏季开的是××花。

师：× ×花 × ×花，你最 喜欢 什么花？生同节奏答。

3. 我们能用唱的形式来问答吗？

师：5 3 5 3 2 | 1 3 2 | ……
春季 开的是 什么 花？

生：5 3 5 3 2 | 1 3 2 | ……
春季 开的是 x x 花。

4. 我们能用动作呼应问答吗？观察老师的动作，请在相同的节拍内做一个相反的动作造型。

冬 冬冬 隆冬 强 （师动作）

冬 冬冬 隆冬 强 （生造型）

活动评量：学生能够随着与教师同样的节奏，快速问答、问唱、造型。

设计意图：通过课前热身问答形式，拉近师生距离，营造互动氛围，在活动中体验问答乐趣。

活动二：分段欣赏

活动目标：

1. 欣赏各分乐段，体验每个乐段的音乐要素变化。

2. 逐步熟悉唢呐的音色，能哼唱主题。

3. 能用律动或舞蹈表现聆听到的内容。

活动步骤：

1. 片段欣赏，认识唢呐。

（1）接下来，我们来欣赏一段用乐器模拟对话的音乐片段，说说你听到的对话音乐都有什么特点？（生：高、低、明亮、沙哑等。）

（2）你猜猜这个音乐片段是用什么乐器演奏出来的呢？

（3）简介唢呐，了解其演奏方法，模仿演奏姿势。（PPT 展示图片）

（4）我们用道具丝巾一起分组模拟演奏，吹一吹这个有趣的片段。

活动评量：在听赏中能关注听辨唢呐音色的变化，能随着音乐有模有样地模仿吹奏。

设计意图：抓住乐曲中最有特点的问答音乐片段，延续前一环节的问答体验效果，激发学生的兴趣点，自然导入，认识乐器唢呐。

2. 整段欣赏，熟悉音色。

（1）欣赏乐曲第三段。

①再来欣赏一段音乐，看谁的耳朵最灵，能从中听出类似对话的乐段？

②谁来说一说，对话的情绪怎么样？（语度很快，争论

高低等。）

③你觉得他们在讨论什么呢？表情如何？（自由发挥，合理想象）

（2）你能用动作把他们对话的场景表现出来吗？（分组随音乐表现对话场景）

（3）小结：小小的唢呐，音色真丰富，请你给刚才听的这段音乐取个名字吧。（生自由署名并板书）

活动评量：能静听音乐并在聆听中思考，展开合理想象，随音乐律动表现对话场景。

设计意图：引导学生通过关注唢呐的音色变化，速度变化，感知体验所塑造的音乐形象及场景，并通过肢体语言展现自己的感悟与体会。

3. 主题聆听，人物显现。

（1）师：接下来考考你们的音乐记忆力，请欣赏唢呐吹奏的第一段，听一听主题旋律出现了几次？

①分组跟着钢琴一起哼唱主题，熟悉旋律。（每组请出一个小领唱带领，分句哼唱主题，其余学生动作吹奏）

②欣赏第一段，思考：注意听辨主题音乐一共出现了几次？后面的重复有什么变化？（音区变高，音色变化）

（2）师：这段对话的两个主角出场了，根据音乐的特点，你觉得对话的会是什么人？（学生根据音乐特点想象，自圆其说）

（3）揭示人物点明课题。

刚才我们听到两段唢呐乐曲是由民间歌舞剧《小放牛》中的一段载歌载舞的男女对唱改编而成的中国民间乐曲《小放牛》，乐曲以唢呐主奏，乐队伴奏。描写一位村姑向牧童问路，顽皮的牧童却故意考问她的情形。

（4）接下来，我们再简略地聆听乐曲的第二段。

活动评量：熟悉音乐主题旋律，能哼唱、背唱，并在此基础上分析记忆主题旋律出现的次数。

设计意图：揭示人物，简介点题，将音乐与人物联系起来，了解乐曲的创作背景，化难为简，熟悉音乐主题，为下一环节对比欣赏做好铺垫。

4. 略听乐段，对比欣赏。

（1）第二段乐曲同样是对话场景，对比第三段听到的激烈对话场景，情绪上有什么不同？对话中哪个声音占据了上风？

（2）请两位同学上来演一演。

（3）请你给这段音乐取个名字。

活动评量：能借鉴前面已经学习积累的音乐经验，根据对比乐段音乐速度变化讲述分享所感受到的音乐形象特点，能运用道具丝巾律动表达。

设计意图：简略欣赏，第二段乐曲，加深主题印象，突出二、三两段音乐间速度的变化，从而感知对话情绪氛围的变化。

活动三：完整欣赏

活动目标：欣赏全曲，感知整体音乐特点，记忆音乐。

活动步骤：

（1）全曲听赏，整理顺序。

（2）村姑与牧童对话的结局怎么样？

（3）整首曲子给你什么感觉？

活动评量：能在聆听音乐中进行排序，表达自己所感、所想、所悟。

设计意图：完整欣赏，教师帮助整理乐曲脉络顺序，完整音乐的叙事性过程，深刻感知音乐形象。

活动四：拓展欣赏

活动目标：拓展听赏唢呐经典片段音乐，加深印象，并能在音乐中分辨。

活动步骤：

（1）师：通过乐曲《小放牛》，我们认识了民族吹打乐器唢呐，它丰富的音乐表现力让我们惊喜。其实唢呐在生活中经常亮相，让我们一起找一找。

（听音乐，找配图）

①《百鸟朝凤》片段。

②《猪八戒背媳妇》片段。

③《抬花轿》片段。

（2）师：让我们在唢呐喜气洋洋的音乐氛围中结束这堂课吧！同学们再见！

活动评量：聆听音乐，快速找到与音乐相匹配的场景图片。

设计意图：拓展欣赏，选取比较有代表性、个性鲜明的唢呐音乐片段；拓展内容，延伸所学知识，培养学生的探究精神，使他们更加喜爱民族吹管乐器唢呐。

【教学反思】

这节欣赏课设计之初遇到了一些问题。

（1）民族吹管乐唢呐在小学音乐教材中出现的次数较少，学生陌生，教师了解甚少。

（2）民族民间音乐乐段、乐句不太规整，唢呐富有特色的自由变化造成聆听分段困扰。

（3）乐曲中包含的戏曲、歌舞等场景离现实生活较远，学生代入、融入有困难。

我坚持"以生为本，体验为主"的新体系教学理念。将所有的体验聆听活动由简及繁，层层叠加，多形式、多途径不断积累聆听经验，并在以往聆听的基础上提出新的要求。记忆式欣赏让学生逐渐熟悉音乐主题与器乐音色，表演式欣赏使得整个学习过程生动有趣。本节课中我首先对作品反复聆听体验，提炼出作品最主要的音乐要素，再以多样式、多手段贴近学生乐见的方式引导他们理解音乐要素，如采用丝巾作为模拟乐器道具，又可把它作为人物表演的道具。让道具运用既吻合戏曲、民间歌舞的音乐特点，又吸引学生积极探索音乐聆听内容的表现，以拉近距离更好地融入音乐。

整堂课气氛活跃，师生、生生交流合作积极，达到互教互学的良好效果。但本课的教学也留有遗憾，即在乐曲的华彩段音乐变化极快，速度也逐渐加快，学生来不及迅速做出反应，每次总是滞后，有时还需教师提示。总的来说，在今后的教学工作中不规整的乐句、紧缩式逐渐加快编排，应充分结合图谱来呈现其中的重复、变化、长短等特点，让复杂的音乐一目了然，减轻学生学习负担，让他们表达更顺畅。

案例2：《铃儿响叮当的变迁》

方茵茵

【创新出处】

本课针对《温州市小学音乐学科教学常规（试行）》中对"音乐教学的共性原则"的第2条和第3条，以及"音乐教学的个性策略"第3条欣赏教学的建议，同时结合新体系中体态律动的教学理念和人体乐器的创编设计了五年级音乐合唱欣赏课《铃儿响叮当的变迁》。

本课将新课程标准理念贯穿始终，坚持以学生的体验感知为出发点，通过对游戏中音乐节奏、风格变化的初步认识，循序渐进地引导学生感知音乐的力度、速度、节拍、节奏等方面的变化对音乐风格的影响，并学会用哼唱、律动、击打节拍等方式体验牧歌、圆舞曲、爵士、摇滚等不同风格的音乐，提高对高水平合唱艺术音乐作品的感受。

【单元浏览】

第四单元以"你好！大自然"为主题选编了四首不同体裁、不同风格的欣赏与演唱作品。其中，演唱歌曲有

《田野在召唤》和《铃儿响叮当》，聆听欣赏的曲目有合唱歌曲《铃儿响叮当的变迁》和《溪边景色》。通过这些音乐作品让学生感受大自然的美好，抒发对大自然的热爱之情。本单元在合唱歌曲《铃儿响叮当》学习之后，学生对这首歌曲的主题已经有了一定的认识，对合唱作品也有一定的欣赏水平。通过这样的积累，引入我国著名合唱指挥家杨鸿年先生改编的合唱作品《铃儿响叮当的变迁》，感知音乐的力度、速度、节拍、节奏等方面的变化对音乐风格的影响，加深对音乐作品高水平合唱艺术的感受。

【教材分析】

《铃儿响叮当的变迁》是五年级下册第四单元"你好！大自然"的内容，这是一节童声合唱歌曲的欣赏内容，由杨鸿年先生在"铃儿响叮当"的基础上改编而成。歌曲以"铃儿响叮当"为主题，加入大量的爵士音乐、流行音乐的元素。合唱原作篇幅较大，以牧歌式的哼鸣引入主题出现，随后的不断变奏，频繁转调，各段落的音乐形象都不相同，节奏也极其复杂，用同样的旋律在一次又一次的变奏中演绎出自巴洛克时代到现代的音乐风格，甚至展现出摇滚和爵士的风情。

【学情分析】

五年级的学生有了一定基础的音乐知识和能力，已经有了自己的判断和思考，他们对节奏、速度、重音、力度等音乐要素的感知也有一定的辨别能力，对于歌曲的体裁和音乐风格则需要教师的引导，从而进一步了解和认识。

【教学目标】

1. 感受音乐作品所表现的自然美景，抒发对大自然的热爱之情。

2. 通过聆听《铃儿响叮当的变迁》，感知音乐的力度、速度、节拍、节奏等方面的变化对音乐风格的影响，加深对音乐作品高水平合唱艺术的感受。

3. 能用哼唱、律动、击打节拍等方式体验牧歌、圆舞曲、爵士、摇滚等不同风格的音乐。

【教学重点】掌握乐曲中音乐要素的改变方式和变化后音乐所表现的不同的情绪及风格特征。

【教学难点】能通过哼唱、律动、击打节拍等方式体验不同风格的音乐。

【教学用具】多媒体课件、钢琴，5个音乐片段及合成音乐。

【教学过程】

活动一：游戏变变变。

活动目的：以｜Ｘ　Ｘ　Ｘ　Ｘ｜的节奏为基础，通过音乐要素的改变游戏，让学生感受音乐要素的改变能改变音乐的风格，为后面的欣赏做铺垫。

1. 聆听《铃儿响叮当》进入教室。

2. 游戏变变变。

（1）改变速度。

师：同学们，老师要带着你们走进神奇的变变变之旅，请注意听，看看老师手上表现出的节奏发生了什么变化？

｜Ｘ Ｘ Ｘ Ｘ ｜ → ｜Ｘ Ｘ Ｘ Ｘ ｜

学生感知音乐要素中速度的变化。

（2）改变演唱或演奏形式。

继续听：｜Ｘ Ｘ Ｘ Ｘ ｜拍手 → ｜Ｘ Ｘ Ｘ Ｘ ｜拍手、拍脚。

生：由拍手变成了拍手、拍脚。

师：拍手和拍脚有几个声音？（2个。）

从拍手的一个声音变成了拍手、跺脚两个声音，就是从一个声部变成两个声部，它改变了演唱或演奏形式。

（3）改变节拍。

再来变：｜Ｘ Ｘ Ｘ Ｘ ｜ —— ｜Ｘ Ｘ Ｘ ｜

预设：师引导学生再听一次，数一数击打的节拍。

生：由 4 拍变成了 3 拍。

师：那我改变了什么？（节拍。）

（4）改变节奏。

继续挑战：｜Ｘ Ｘ Ｘ Ｘ ｜ —— ｜Ｘ Ｘ 0̲Ｘ Ｘ ｜

预设：仔细听辨节奏中增加了什么？"0"是什么音乐符号？引导学生发现是休止符改变了节奏。

师：增加了休止符，节奏就发生了变化，就会使音乐产生新的风格。

3. 总结：刚才在变变变的游戏中，你们还记得都有哪些音乐要素在改变？

（生：速度、演唱节奏、形式、节拍、节奏。）

音乐要素有很多种，老师就认识一个魔法师，他把我们熟悉的音乐《铃儿响叮当》使了非常神奇的魔法，让这首歌曲的音乐要素不断变变变，形成了很多风格不同的音乐，让我们一起走进他的魔法世界吧。

活动二：揭示变迁课题，全曲聆听

活动目的：通过先探究后聆听的方式，加深对整个音乐作品的印象，了解作品中多变的音乐风格。

1. 揭示主题。

出示课题《铃儿响叮当的变迁》并读出来（板书课题）。

猜一猜：这位魔法师可能改变了哪些音乐要素？

预设学生回答：节拍、节奏……

2. 初听乐曲。

听一听它有哪些变化？变化了几次？并用手势表现出来。

生：四次。

探究：这四次变化都是一样的吗？仔细来听听它究竟

发生了哪些改变?

活动三:分段聆听音乐,律动体验感知

活动目的:根据不同音乐风格的分段聆听并进行律动体验,深度感知音乐的不同风格带来的不同音乐感受,深层次理解音乐作品。

(一)聆听第一乐段(牧歌)

1. 表现方式:仔细聆听第一乐段,它是怎么表现歌曲的?

追问:是演唱吗?怎么唱的?

生:用哼鸣的方式。

师:我们也来学一学,一起合作唱曲谱。

演唱要求:请挺直腰背,声音位置高一些,用连贯柔和的声音来演唱。

用"U"来试一试,像嘴里含着一口水。

师:这种音乐风格我们通常称为"牧歌"(板书:牧歌)这样的"牧歌"风格,给你们一种什么感觉?

引导想象：冬天到了，漫天的雪花轻盈地飘落，大地一片银白，安静极了，这是什么感觉？

生：宁静、安详、恬美。

2. 按要求再次唱旋律。

同学们，让我们的声音化身一片片飘舞的雪花，在这洁白无暇而又不染一丝尘埃的冰雪世界，感受它银装素裹的宁静美。

生：U……（师钢琴伴奏，课件播放落雪的画面）

3. 音乐要素的改变。

探究：与我们平时熟悉的《铃儿响叮当》相比，牧歌风格的音乐到底发生了什么变化？

生：速度变慢了，力度变弱了。

（板书：改变速度和力度）

师：就是因为音乐的力度变弱了，速度变慢了，也改变了音乐风格，也变得更加优美而又抒情。

那么，接下来还能怎样改编呢，依然是改变力度和速度？还是改变了其他的音乐要素？请你们边听音乐边打拍子。

（二）聆听第二乐段（舞曲）

1. 聆听圆舞曲风格（老师带领学生击打身体节拍）。

（1）节拍感知。

师：这段音乐是几拍子的？

预设：师通过前后两个乐段主题的哼唱和拍手、拍腿的方式提示学生听辨。

生：三拍子。

师：这是一段三拍子的圆舞曲风格的音乐。

（板书：圆舞曲）

（2）感受圆舞曲的律动感。

师：圆舞曲是怎么舞蹈的呢？

2. 生欣赏圆舞曲视频。

师：请同学们欣赏一段视频，注意观察他们的舞步。

3. 学跳圆舞曲。

（1）师生搭档，引领示范。

同学们注意观察，选择好你一会儿要模仿谁的动作，我代表女同学的角色，他代表男同学的角色。我们俩的行礼动作有所不同，女同学是提裙礼，男同学是鞠躬礼，然后同一边手掌相贴，另一只手放在背后。在一个乐段末尾的上行乐句中女同学转一个圈结束。

（2）律动前分配任务。①快速找好搭档；②找到适宜的空间进行律动，律动时尽量不碰到别人，注意自己和别人的安全；③律动时注意聆听音乐，在音乐中找准强拍，踩准舞步，想象自己在雪地上愉快地翩翩起舞。

4. 总结：改变拍子。

师：刚才我们感受的这段舞曲风格的《铃儿响叮当》，

它是什么的变化改变了音乐的风格？

生：节拍。（板书：改变节拍）

（三）聆听第三乐段（爵士＋摇滚）

师：接下来的音乐又会有什么惊喜给我们呢？给你们一个提示，它有一个非常强烈的节奏型会提醒我们音乐将发生改变，并且这个节奏一直在为这段音乐伴奏。看谁的耳朵最灵，能听出这个节奏。

1. 初听音乐。

师：你们听出来这个节奏型了吗？你能哼出来吗？

（出示课件）

节奏型：

$$\frac{4}{4} \ | \ \underline{XX} \quad 0\underline{XX} \quad \underline{XX} \quad \underline{XX} \ |$$

2. 练习节奏。

生：用"bong"跟琴哼唱节奏 | $\underline{XX0XXXXXX}$ | 。

3. 共同探究律动表现音乐。

师：这么强劲又动感十足的节奏，你觉得是什么风格的音乐？

生：自由发言。

师：这段音乐加入了爵士和摇滚的风格（板书：爵士＋摇滚），魔法师让音乐的什么要素产生了变化？（板贴：改变节奏）

师：这样的音乐风格让你想到什么场景？

生：在雪地里玩耍……

师：这样风格的音乐让心情会变得怎么样？

探究：用身体语言（体态律动）去表现这段音乐。

4. 师生跟随音乐创编律动。

（四）聆听第四乐段（尾声）

1. 引导：爵士和摇滚风格的音乐同学们都已经激情澎湃了，我们还有最后一个部分的音乐（板贴：尾声），我们听听它又是怎样改变的呢？是变得平静下来了，还是更加激情飞扬呢？

请你们仔细聆听音乐做出选择，并告诉老师你选择的原因。

生：变得更加激情发扬。因为它的速度加快、力度加强了。

（板贴：改变速度和力度）

2. 区分不同的力度和速度带来的各种情感变化。

对比分辨：我们还记得在聆听第一乐段时，改变的也是速度和力度，但是第一乐段是速度变慢，力度变弱，它表现了什么样的感觉？

生：优美、宁静的，如雪花轻盈飘落的感觉。

师：而这作为尾声的乐段改变的同样也是速度和力度，但是它的速度变快，力度变强。它带给我们什么样的情绪？

生：热情，激情澎湃的，犹如登上雪橇，迎着风雪，奔驰在原野上的场景。

师：所以我们的力度可以变强也可以变弱，速度可以变慢也可以变快。这种变化还会带给大家不同的情绪和感受。

★尾声。

乐段一：速度慢、力度弱
宁静、恬美，如雪花轻舞
乐段五：速度快、力度强
热情、激动，乘雪橇风雪中尽情奔驰

3. 探究律动方式。

师：用什么动作才能表现这奔驰在雪地的激动心情？

生：跟音乐跺脚、拍腿、对掌拍：｜XX XX XX X｜/围圈跑动，拍肩＋加拍手/自由走动＋拍手……

4. 跟随音乐律动。

（五）总结并完整体验音乐

师总结：现在我们来回顾一下，这个大魔法师都是怎么使魔法的？他都改变了什么，让音乐风格呈现出这样的变化（总结四个乐段音乐要素的变化）。

我们再次完整地聆听一次，请你们用声音、动作、表情把这些音乐表现出来吧。

活动四：拓展欣赏杨鸿年合唱《铃儿响叮当的变迁》

活动目的：通过完整聆听我国著名合唱指挥家杨鸿年先生的作品《铃儿响叮当的变迁》，进一步感受以此旋律为主题的多风格变化，加深对高水平合唱艺术的感受。

师：你们想知道这个大魔法师是谁吗？

他就是我国著名的合唱指挥家杨鸿年先生。他根据《铃儿响叮当》进行改编创作使之成为著名的合唱曲《铃儿响叮当的变迁》。由于时间问题，我们只聆听了其中的几个乐段，了解改变音乐作品的速度、力度、节拍、节奏型形成新的音乐风格，带给我们不同的美好感受。

但是完整的合唱作品一共有 10 个乐段，现在让我们完整地聆听杨鸿年先生的作品《铃儿响叮当的变迁》，听一听还有没有给你一些新的感受。

（板贴：其余音乐片段风格及改变的音乐要素）

课堂总结：同学们，我们现在知道歌曲可以改变速度、力度、节拍、伴奏音型等，变成许多新的不同风格的动听的音乐。以后有机会，我们也可以尝试对其他歌曲进行类似的改编。

（学生随音乐走出教室）

【板书设计】

铃儿响叮当的变迁

①②	牧歌	改变速度、力度	慢　弱
③	圆舞曲	改变节拍	$\frac{3}{4}$
④	狐步舞		
⑤⑥⑦	爵士	"摇摆""布基乌基""恰恰"	
⑧	摇滚	改变节奏	
⑨	爵士+摇滚		
⑩	尾声	改变速度、力度	快　强

【教学反思】

《铃儿响叮当的变迁》这首童声合唱曲根据美国歌曲《铃儿响叮当》改编而成。全曲十个段落，每个段落的旋律分别采用原歌的主题或副歌加以变奏和发展。在变奏中，吸收了牧歌、圆舞曲、摇滚乐以及属于爵士音乐范畴的"摇摆"舞曲、"布基乌基"舞曲和"恰恰"舞曲的节奏与伴奏音型特点。在各段的调性上也具多样化，涉及降 E＼F＼G＼A 等远关系调。

由于十个段落全部欣赏时间过长，在教学内容的安排上，我选取了比较典型的四个段落：牧歌、圆舞曲、爵士＋摇滚、尾声。每个音乐活动教师通过引导学生感知音乐要素的变化，乃至改变音乐风格的目的。教学目标的设定同样以三维目标为标准，层层铺垫，达到教学效果。教学过程中根据四个段落的欣赏和各种律动设计，让学生先体验，后感知，再到自主探究，主动创编，让学生"以学为中心"，以学生为主体。

教学中我力求多给学生实践的时间与空间，在教师的引导下，让学生在感悟、实践、再感悟、再实践的过程中聆听、体验乐曲，在感悟、体验的基础上，指导学生学会合作、自主探究，表现歌曲。因此在教学中我引进了新体系三大教学法中一些手段，让学生在拍、动、跳、说等音乐活动中，充分的感知、体验，并在体验中尝试分析歌曲音乐要素的改变以及音乐风格的变化。

为引起学生的学习兴趣，我首先以"音乐变变变"的小游戏引发学生对音乐要素的认知，知道音乐要素：速度、力度、节奏、节拍、演唱奏形式的改变能改变音乐风格，揭示课堂的主题，以大魔法师的角色引领学生走进《铃儿响叮当的变迁》，感受四个不同风格的音乐的变化，体验全新的变奏风格。在欣赏过程中，运用了像雪花一样轻盈的哼唱表现牧歌风格的片段，男女小组搭档跳圆舞曲，唱典型节奏型并创编律动，最后自由创编尾声部分。学生给我带来的惊喜很多，他们能自主创编跺脚＋拍手的多声部律动节奏，能模拟扔雪球，滑雪橇，奔跑的情景进行律动，表现尾声部分。学生在课堂中呈现出"动中乐""乐中舞"，充分表现歌曲的意境。

　　在教学过程中我同时也感到自身仍存在些许不足。如五年级的学生应该具备一定的英语基础，可以适当将主题音乐用英语的方式让学生尝试哼唱，这不仅能加深学生对主题音乐的感知，而且对音乐的体验也能更加深入。

案例 3：《顽皮的杜鹃》

朱彩珠

【创新出处】

针对《温州市小学音乐学科教学常规（试行）》中对"音乐活动构建"的第 2 条、第 3 条和"音乐教学的个性策略"第 1 条、第 5 条建议，同时结合新体系"让音乐属于每一个学生"的教学理念和"音乐教学的共性原则"设计了三年级音乐歌唱课《顽皮的杜鹃》。本课将新课程标准理念贯穿始终，坚持以学生为主体，通过拜访杜鹃、欢迎仪式、逃跑的杜鹃、杜鹃之歌、依依惜别等一系列活动，使每个学生亲身感受音乐，获得美的享受和快乐的体验。

创新一：有效律动

达尔克罗兹反复强调，音乐教学应该通过游戏活动唤醒儿童对音乐艺术和生活的热爱，唤醒儿童的音乐意识和音乐本能。以杜鹃为主线，活动环节遵循循序渐进、层层递进的原则，引导学生在律动中关注音乐，不断促进学生听觉、动觉、情感思维发展，培养学生的内心音乐感。

创新二：趣味识谱

本课结合新体系教学法，用柯尔文手势、字母谱、旋律线等方法帮助学生认识低音区的５６７，稳定音准，不仅巩固学生的视唱能力，也为后续准确演唱歌曲打下坚实的基础。

创新三：坚持合唱

三年级的学生对合唱已经有了初步的概念，本课教学中，通过设计两只不同声音的杜鹃引导学生进行杜鹃的和声，让声音变得更加丰满，作品更为丰富。

创新四：妙用木琴

木琴音色柔和优美、符合本课的音乐形象且奏法简单，学生易于掌握，音高固定，有助于教学，因此将木琴运用到课堂中，不仅能帮助学生建立音高音准，而且能培养学生在音乐活动中的合作能力和聆听他人声音的习惯。

【单元浏览】

第三单元以"我们的朋友"的主题，安排了一组以鸟为题材的音乐作品。通过这些作品让学生感受大自然的美好，激发学生音乐的联想与想象能力，培养爱鸟、护鸟，热爱大自然的情感。《顽皮的杜鹃》是其中一首表演曲目。继三年级上册《钟声叮叮当》后，本册前几课的聆听已经让学生积累了一定的关于合唱的知识，本课利用杜鹃的叫声设计了三度和声音程的练习，在循序渐进的学习实践中，逐步建立和声概念。知识技能方面，在认识了中音区的自然音阶之后，本课安排了低音区的５６７，学生通过学唱《顽皮的杜鹃》在实践中感受这三个音之间的音高关系，并唱准这三个音。

【教材分析】

《顽皮的杜鹃》是人音版三年级下册第三单元中一首曲调优美、词意简练、音乐形象鲜明的奥地利童谣。歌曲以轻快活泼的节奏和清新流畅的旋律，生动地表现了孩童在大自然中与顽皮的杜鹃嬉戏玩耍的情景，充满童趣。歌曲４∣４拍、大调式，是六个小乐句的一段体结构。歌中非常巧妙地运用 sol mi 两音作为小杜鹃"咕咕"叫的音高，既吻合大自然中杜鹃鸟的真实叫声，又和本课要求掌握的音乐技能同步，充分体现了音乐和大自然的关系这一主题。

【学情分析】

三年级的学生活泼好动，善于模仿，善于探索周围的世界，对学习歌曲有浓厚的兴趣。经过两年多的音乐训练，学生们已经有了一定的音乐技能，包括识谱、卡农、和声等。在上课时，要充分体现音乐课的音乐性。聆听、表演、律动等全都在充分聆听的基础上进行。在进行合唱训练时，要从兴趣入手，由浅入深，形象化教学，力争做到和声演唱清晰、和谐，为以后二声部合唱做准备。

【教学目标】

1. 通过律动、模仿、演唱等方式感受音乐形象，能用断、连声音唱好《顽皮的杜鹃》，激发对杜鹃的喜爱之情。

2. 在游戏情境中参与音乐，掌握歌唱技能，认识低音的５６７，并能流畅地学唱曲谱，认识并记住顿音记号。

【教学重难点】

1. 重点：通过聆听、律动、演唱等多种形式参与课堂活动，感受杜鹃的音乐形象，有感情地用断连法演唱歌曲《顽皮的杜鹃》。

2. 难点：三度音程的和谐以及杜鹃叫声轻巧跳跃而稳定的演唱。

【教学准备】

多媒体课件、音符卡片、顿音记号卡片、钢琴、中音木琴两台。

【教学过程】

活动一：拜访杜鹃

活动目标：

通过模仿杜鹃的叫声巩固 mi do 的音高，认识顿音记号并能唱出顿音的感觉。

活动步骤：

1. 随《顽皮的杜鹃》伴奏乐恒拍进教室入座。

2. 听《杜鹃圆舞曲》律动。

听到音乐中的杜鹃叫声就挥动小手跟它打打招呼。

3.师模仿杜鹃叫声，生找出是哪两个音符组成了这个叫声。

（3 1，请一个学生到黑板上写一写。）

4.师演奏木琴，生带柯尔文手势演唱 mi do。

5.请一个学生帮忙演奏木琴。

6.布谷鸟的声音发生变化了，你听！

（认识顿音记号）

7.用跳跃短促的声音跟杜鹃妈妈打打招呼。

活动评量：学生能够跟随木琴的声音，准确演唱 mi do。

设计意图：

1.恒拍进教室，有助于学生稳定歌曲的节拍，也为第二环节"客人行进的步伐"做准备练习。

2.通过"拜访鸟妈妈"活动激发学生学习的兴趣。同时，在模仿杜鹃的声音、猜音符并用木琴演奏出来等活动过程中掌握 3 1 两个音的音高。

活动二：欢迎仪式

活动目标：

1.初步感受歌曲活泼欢快的情绪。

2.了解歌曲的结构、乐句。

3.通过迎接客人的活动，初步掌握三度和声。

活动步骤：

1. 初听《顽皮的杜鹃》。

2. 认识小杜鹃，听音高，唱 sol mi。

3. 角色扮演不同的杜鹃，模仿不同的杜鹃叫声，初步形成合唱的感觉。

（鸟宝宝脱帽致敬，鸟妈妈做请进的姿势。）

4. 律动中找乐句。

每一位客人走进来小杜鹃和杜鹃妈妈都要向客人问好。一共有几位客人？

5. 学生音乐中根据乐句变换方向行走，检验学习效果。

请六位同学上来，每个同学唱一句并在咕咕的地方摆一个造型，其他同学扮演小杜鹃和杜鹃妈妈在咕咕的地方唱出来并行礼。

活动评量：根据学生在行进中的停顿衔接是否准确、流畅来判断对乐句的感知，能否结合脱帽、请进两个动作准确表现小杜鹃（sol mi）和杜鹃妈妈（mi do）的声音。

设计意图：学生通过静听、动听、表演等方式熟悉歌曲，在行进中了解歌曲的曲式结构。将游戏融入乐理知识的教学，看似无痕，实则有意，学生在玩中学，能够持续保持学习的兴趣。

活动三：逃跑的杜鹃

活动目标：

1.通过画旋律线，初步视唱曲谱（不同程度的学生要求不同）。

2.通过自己用手势或其他动作表示音高的方式，认识并巩固低音区 5 6 7 的音高、唱名。

活动步骤：

1.再听音乐，完整感受歌曲的旋律特点。（师画旋律线）

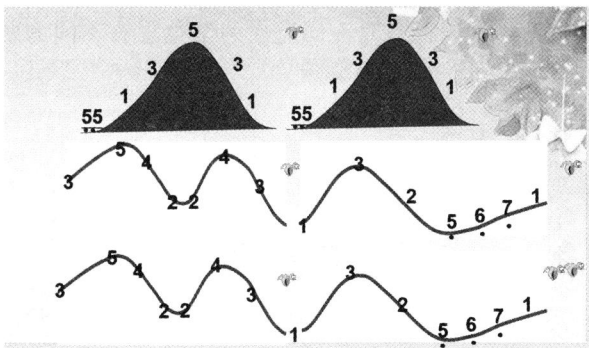

2.引导学生观察旋律线，抓住歌曲旋律特点。

（1）歌曲共有六个乐句，一和二、三和五、四和六是三组相同的乐句。

（2）杜鹃鸟的叫声是短促的，而每一个乐句前面都是连贯的。

3. 请同学们跟老师唱一唱曲谱，能做到的同学，跟老师完整唱，做不到的同学继续唱好杜鹃的声音和 5 6 7 1 这四个音。

4. 跟琴完整视唱曲谱（做不到的同学可以用哼唱来代替）。

活动评量：观察学生能否边画旋律线边用断、连两种有区别的声音哼唱旋律。

设计意图：旋律线能直观地展示歌曲的结构和声音的断、连区别。用这种方式学习乐谱一来可以适应三年级学生的认知水平和规律，二来增加了识谱的趣味，又有相应的能力提升空间。而且对不同层次的学生也有不同的要求，能关注每一个学生的发展。

活动四：杜鹃之歌

活动目标：

1. 抓关键词，记忆歌词。

2. 通过多种形式的演唱，有感情地背唱《顽皮的杜鹃》。

活动步骤：

1. 记忆歌词。

老师在同学中间边做飞状边范唱，并在关键词的地方用眼神表情或动作暗示学生。

2. 师生问答式接龙唱，完成记忆歌词。

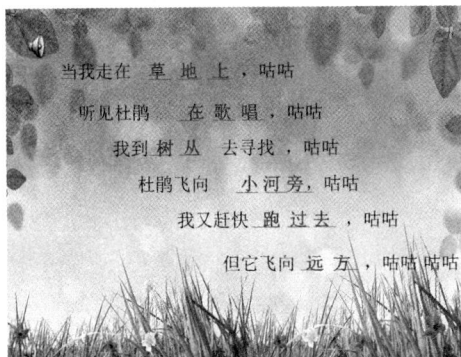

当我走在 草 地 上，咕咕

听见杜鹃 在 歌 唱，咕咕

我到树丛 去寻找，咕咕

杜鹃飞向 小河旁，咕咕

我又赶快 跑 过 去，咕咕

但它飞向 远 方，咕咕 咕咕

3. 揭题：这是一只怎样的杜鹃？（顽皮的杜鹃。）

4. 教师逐句启发学生分析演唱情绪并运用合适的力度变化来表现。

（1）引导学生用愉快的声音，渐强的力度演唱一、二句。

（2）保持欢快的情绪，完整演唱歌曲。

（3）结束句处理，感受渐弱记号。

（4）再次完整、有感情的演唱全曲，并即兴表演。

5. 分成六个小组进行比赛（一组一句），一起歌唱表演。

活动评量：学生在表演中声音清晰，角色区分清楚。

设计意图：用填空接龙和情景表演帮助学生记忆歌词，潜移默化地给学生传授抓关键词的记忆方法，同时为后续能够投入的演唱扫除基本障碍。

活动五：依依惜别

活动目标：

分声部、分角色完整表现作品，初步形成和声的概念。

活动步骤：

1. 杜鹃妈妈找到了小杜鹃，一起唱杜鹃妈妈的歌（木琴始终随奏）。

2. 小杜鹃和杜鹃妈妈的合唱。

3. 告别时刻：加入歌曲的前奏、尾声、木琴、表演等综合表演。

活动评量：学生能在歌唱中准确表现小杜鹃和杜鹃妈妈两种声音的音高，整个表现有情景代入感。

设计意图：在前面简单的和声练习基础上，将和声内容迁移到歌曲上，通过真实的操练提升合唱能力，培养相互倾听的习惯。

【教学反思】

在这堂课中，我注重以生为本，基于让音乐属于每个学生的理念，融合新体系的教学方法，采用听、唱、动、奏等方式，让学生多角度、全方位地参与到音乐活动当中，激发学生的学习热情，掌握学习知识和技能。

　　音乐课堂的一切活动都应该建立在听的基础上，然而单一形式的听无疑会让学生变得麻木，降低音乐感知的灵敏度。本节课很好地抓住了小学低段学生的心理特点，在课堂上采用多种形式的律动感知音乐。比如：迎接客人的不同动作，听到不同的乐句在布谷鸟叫声的地方做出自己独特的造型等，队形时而呈圆形，时而又自由分散，现场气氛活跃而有序。

　　在教学中也有很多欠缺。由于三年级刚刚接触合唱，而三度音程本身就比较难，所以学生在学习过程中，感到难度比较大，完成的效果还不够理想，如果改成四度、五度音程，或将中间的合唱去掉，我想效果应该会更好。另外，学生的歌唱声音关注度依然不够，学生的声音放而不聚，应该再多一些提醒，多营造安静唱歌的氛围。

案例 4：《我的家在日喀则》

郑婉婉

【创新出处】

2017 年暑假我有幸去北京参加新体系国培，经过三个学期的新体系实践活动，从一开始对新体系实践的迷茫到清晰，到现在新体系理念在常态课上的运用，我发现学生课堂活动的参与率更高，可以给常态课带来亮点，也给我带来很多惊喜。本节课运用新体系教学三大体系中达尔克罗兹的律动教学法，通过律动层层叠加来解决合唱的声部落实问题。

【单元浏览】

二年级下册第四单元以"美丽家园"为主题，安排了三首歌曲一首乐曲，分别是《吉祥三宝》《草原就是我的家》《我的家在日喀则》《我是人民小骑兵》，旨在让学生在音乐中感受不同民族的家乡美。

【教材分析】

《我的家在日喀则》是一首藏族民歌，歌曲为 2/4 拍，五声宫调式，节奏简单，以四分音符、八分音符构成，旋律轻快活泼，郎朗上口，20世纪60年代中期广泛流传于全国各地。唱起这首歌，眼前仿佛出现了藏族同胞歌唱家乡、载歌载舞的情景。

【学情分析】

二年级的学生通过一年半的音乐学习，对音乐知识有了一些认知，学生们开始可以试着视唱简单的曲谱。根据低年级学生的身心特点，以聆听入手，通过模仿、积累学生的感性认识。学生们在接触二声部合作的时候会有困难，所以在整个教学过程中突出"学生主体，教师主导"的教学氛围，让学生在对音乐的体验和感知上，进行动—动—甩—甩—唱—唱—编—编，层层递进，掌握简单的合唱能力，让学生在轻松愉快地学习中感受音乐和表现音乐，体验音乐的快乐。

【教学目标】

1. 初步了解感受西藏的风土人情、藏族音乐舞蹈风格。

2. 能用饱满的情绪、准确地演唱歌曲《我的家在日喀则》。

3. 用二声部合作，深刻体会歌曲中抒发的藏族人民热爱家乡的喜悦心情。

【教学重难点】

1. 能用轻快饱满的声音有感情地演唱歌曲《我的家在

日喀则》，体会歌曲中表现的自豪、喜悦的情绪。

2. 二度创作二声部的加入合作，准确表现。

【教学准备】

钢琴、双响筒、串铃、多媒体、丝巾。

【教学过程】

一、导入新课，了解藏族

活动目标：利用《我的家在日喀则》的背景伴奏音乐，跟着音乐做藏族颤膝动作，感受恒拍，为本课的学习做好铺垫。

活动步骤：

1. 以背景音乐《我的家在日喀则》伴奏，多媒体视频出现布达拉宫四季风景图。

2. 欣赏布达拉宫和日喀则美丽的四季，随着音乐跳起藏族的颤膝动作，跟随着音乐做恒拍。

3. 引导学生探究、感知恒拍。

2/4X X｜X X｜X X｜X X｜X X｜X X｜X

X｜X X‖

设计意图：通过欣赏让学生了解藏族的文化特点，建立恒拍感。

二、感受音乐，激发学趣

活动目标：通过三次音乐感受，从甩袖—嘿嘿—阿索阿索，从易到难层层递进，逐步让学生感知音乐《我的家在日喀则》，为歌曲的二度创作打下基础。

活动步骤：

1. 播放背景音乐《我的家在日喀则》伴奏第一次。

同学们拿出丝巾来代替长长的袖子，让我们一起来加入甩袖的动作，请模仿老师的动作，颤膝的动作继续不变。（二部第一次合作）

2/4X　X｜X　X｜X　X｜X　X｜X　X｜X　X｜X　X｜X　X‖
　　　　　甩　袖　　　　甩　袖　　　　甩　袖　　　　甩　袖

2. 播放背景音乐《我的家在日喀则》伴奏第二次（可请一位节奏感稳定的学生来敲双响筒）。

师：你们这么优美的动作，藏族的汉子们骑着马儿也想加入到我们的队伍中来，我们为他们鼓鼓劲吧！我们试着用"嘿嘿"这个衬词来鼓鼓劲吧。在甩袖同一个地方加入"嘿嘿"，大家一起来，请这边有乐器串铃的同学拿着一边敲一边念"嘿嘿"（用左手拿串铃右手来敲，注意语气）。其他的同学还是继续自己的动作（二部第二次合作）。

2/4X　X｜X　X｜X　X｜X　X｜X　X｜X　X｜X　X｜X　X‖
　　　　　甩　袖　　　　甩　袖　　　　甩　袖　　　　甩　袖
　　　　　嘿　嘿　　　　嘿　嘿　　　　嘿　嘿　　　　嘿　嘿

3. 载歌载舞怎么少得了歌声呢？我们一起加入进来吧

（随琴唱谱注意声音）！

2/4X　X｜X　X｜X　X｜X　X｜X　X｜X　X｜X　X｜X　X‖

　　　甩　袖　　　　甩　袖　　　　甩　袖　　　　甩　袖

　　　嘿　嘿　　　　嘿　嘿　　　　嘿　嘿　　　　嘿　嘿

　　　5 5 5 5　　　5 5 5 5　　　5 5 5 5　　　5 5 5 5

　　阿索 阿索　　阿索 阿索　　　阿索 阿索　　阿索 阿索

（1）一起来学唱阿索阿索。用柯达伊手势唱 5 5　5 5，
再代入阿索阿索歌词唱。

（2）播放背景音乐《我的家在日喀则》伴奏第三次，
恒拍一组、嘿嘿一组、甩袖一组，由唱阿索阿索的同学来
完成，三组合作（二部第三次合作）。注意语气和音准。

2/4X　X｜X　X｜X　X｜X　X｜X　X｜X　X｜X　X｜X　X‖

　　　甩　袖　　　　甩　袖　　　　甩　袖　　　　甩　袖

　　　嘿　嘿　　　　嘿　嘿　　　　嘿　嘿　　　　嘿　嘿

　　　5 5 5 5　　　5 5 5 5　　　5 5 5 5　　　5 5 5 5

　　阿索 阿索　　阿索 阿索　　　阿索 阿索　　阿索 阿索

设计理念：通过引导学生为歌曲编创具有藏族风格的
衬词及两个声部的合唱练习，通过律动层层叠加来解决声
部落实问题，提高音乐的表现能力，掌握简单的合唱能力。
在不知不觉中熟悉歌曲《我的家在日喀则》，为后面学习歌
曲做铺垫。

三、学习歌唱，感受体验

活动目标：有了以上充分的感受、体验音乐，学生们
相互合作表现音乐，让学生们在听一听、念一念、找一找、

唱一唱的几个学习方式中学唱歌曲。

活动步骤：

1. 听一听。

（1）播放《我的家在日喀则》伴奏音乐，学生再次二部合作，师示范演唱《我的家在日喀则》。

（2）聆听歌曲，我们来欣赏藏族小朋友用那自豪活泼的声音来歌唱自己的家乡。

2. 念一念。

（1）接念歌词。师：我的家在哪里？生：就在日喀 则呀。师：阿索阿索马里 拉。生：就在日喀 则 呀！

（2）互换念歌词。

（3）完整念一次歌词，请大家一边念一边拍。

（4）分组念歌词，叠加二部，一组念歌词，一组加入嘿嘿。

（5）分组念歌词叠加二部，一组念歌词，一组加入嘿嘿，另一组再加入阿索阿索唱。

3. 找一找。

找音符五声调式 1 2 3 5 6。

4. 唱一唱。

（1）师生合作，试着谱子前后句接唱、师先唱、生接唱。

（2）师生合作互换，生先唱、师接唱。

（3）1、2小节一起唱出声，3、4小节在心里唱，5、6小节一起唱出声，7、8小节在心里唱。

（4）带入歌词唱。

第一句师演唱"我的家在哪里，"

第二句生演唱"就在日喀则呀，"

第三句师演唱"阿索阿索马里拉，"

第四句生演唱"就在日喀则呀。"

（5）互换唱。

（6）完整演唱。

（7）加入原来一部分唱嘿嘿（串铃），一部分唱全曲。

（8）加入原来一部分唱阿索阿索（甩袖动作），一部分唱全曲。

（9）三个声部叠加完整演唱。

设计理念：注重"以生为本"的教学观念，以学生为主体，以互换念歌词的方式层层叠加二部练习，通过律动层层叠加来解决歌曲声部的落实，让比较繁琐的二部练习变得有趣，使学生能够轻松掌握。

四、创编歌词，拓展欣赏

活动目标：激发学生的创作热情，鼓励学生充分发挥想象能力，进行歌词的创编，营造出民主、和谐的课堂氛围。

活动步骤：

1. 改编部分歌词，给大家介绍自己的家乡。让我们用热情的歌声欢迎藏族小朋友来我们家乡做客。

2. 欣赏一段舞蹈《扎西德勒》。

设计意图：激励学生大胆参与音乐的创作，培养学生的音乐创作能力，进一步加深对音乐的理解，享受成功的快乐。

五、课堂小结

藏族学生要给你们送上圣洁的哈达，之后他们要说一句吉祥话语。藏语里扎西德勒是吉祥如意的意思，让我们一起来感受这份祝福，祝愿大家吉祥如意，幸福安康。

【教学反思】

活用新体系给学生带来不一样的体验

在以往的教学中，我们过于强调教师在课堂上的主导地位。老师教什么，学生学什么，在音乐课中没有感受到音乐的美和乐趣。新体系打破了这种"填鸭式"的教学模式，新体系音乐课堂通过教师对学生一系列活动的设计和安排，引导学生唤起情感、抒发情感、表达情感、交流情感，使学生的精神生活更加美好。新体系教学提倡以学生为主体，以音乐为本体、以体验为中心、以活动为载体的音乐课堂范式，重视学生的体验和实践，鼓励学生积极参与和探究，让学生们在音乐课中愉快地成长。

一、激发兴趣，在音乐中律动

新体系教学是一种艺术情感教学，目的是让学生学会用音乐唤起和表达自己的情感，引导学生通过听、唱、动、创等体验手段实现自主情感体验。在导入部分，利用《我的家在日喀则》背景伴奏音乐，跟着音乐做藏族的颤膝动作，感受恒拍，为本课的学习做好铺垫。通过三次音乐感受，从甩袖—嘿嘿—阿索阿索，从易到难，层层递进，逐步让学生感知《我的家在日喀则》音乐，学生们在律动及音乐活动中感受音乐带来的欢乐，他们用肢体律动来体验感受音乐，让音乐在他们心里萌动出愉快的火花，激发他们学唱新歌的兴趣，为二部合作做好铺垫。

二、激发想象，愉快合作

在学唱歌曲部分，通过多媒体展示藏族的风土人情，激发学生们的想象力，感觉自己仿佛置身于其中，通过模仿藏族姑娘甩起长长的袖子，用优美的歌声轻声高位置来演唱阿索阿索，藏族汉子用有气势的声音加入"嘿嘿"，给歌曲增添趣味性。学生们在对音乐的体验和感知上，通过听一听、念一念、找一找、唱一唱几个学习方式层层递进，掌握简单的合唱能力，让学生们在轻松愉快的学习中进行二声部合作，去感受音乐、表现音乐、体验音乐带来的快乐。

三、激发创造，自由创编

本节课的最后一个环节是拓展，对《我的家在日喀则》的歌词进行自由改编，让学生充分发挥自己的想象力改编歌词，唱唱自己的家乡在哪里，自己的家乡有哪些特点，利用歌曲的曲调把歌词的某一处改成自己家乡有特点的词或句子。在这种情境下，学生自然而然会更热爱自己的家乡，也可以开拓学生们的想象力，进一步巩固歌曲，提高学生编创歌词的能力。

虽然顺利上完了这节《我的家在日喀则》，但是在课堂中还有些不足之处，由于担心学生表现得不够完美，往往会情不自禁帮助学生一下，有时帮得有点多，没有尽可能相信学生会做得更好，这种帮忙的观念还时不时困扰着我。在二部合作的时候"嘿嘿"的加入声音有点太响，应该及时删减几个学生"嘿嘿"加入的声音，达到几个声部平衡，在演唱的时候如果能用轻声高位置来演唱歌曲就会更优美，假如能把这些小细节处理得更完美就更好了。

案例5：《草原上》

王阳阳

【创新出处】

创新一：情境创设

根据《草原上》这首歌曲的蒙古族音乐特色，创设了"鸿雁飞、翻山越岭、蒙古风情、马儿来了"的情景开场音乐活动，激发学生学习兴趣，营造有趣的学习氛围，帮助学生加强音乐的体验与实践活动。

创新二：游戏识谱

本课结合新体系教学法，用柯尔文手势、旋律线等方法帮助学生认识低音区的３５６，稳定音准，不仅巩固学生的视唱能力，而且为后续准确演唱歌曲打下坚实的基础。

创新三：还原场景

在本课结束时，让学生分组（鸿雁队、骑士队）展现蒙古大草原的生活场景，激发学生对民族音乐的认识与热爱。

【学情分析】

三年级的学生活泼好动，善于模仿，善于探索周围的世界，对学习歌曲有浓厚的兴趣。一、二年级大量唱名模唱积累了学生单声部音乐的认知，但是在二声部的演唱上还是有难度。上课时，要充分体现音乐课的音乐性，聆听、表演、律动等全都在充分聆听的基础上进行。课堂上运用乐器、律动进行二声部的音乐活动可以让学生主动有效地参与到音乐学习中。

【单元浏览】

本单元以"草原"为主题，安排的四个作品均为我国蒙古族民间音调音乐，通过听、唱、舞、奏、创作等大量的音乐实践活动，让学生初步感受蒙古族音乐的民族风格。本单元"知识与技能"中出现了"3（mi）""5（sol）""6（la）"三个音符以及四分音符、八分音符的感念，《草原上》上下乐句的第一小节，即是"３５６－"，非常有利于学生将初学的知识应用于歌曲演唱的实践过程中。

【教材分析】

《草原上》这首歌曲为 4/4 拍、羽调式，歌曲的音乐语言十分简练，基本素材只有一个包含两个乐句的 8 小节乐段。其节奏舒展，旋律优美，形象地勾勒出风和日丽、绿草如茵的草原风光，使人置身于一望无际的辽阔草原情景之中。

【教学目标】

1. 运用默唱、接龙的方法，引导学生自主学唱，并且有感情的进行歌曲表演。

2.加入柯尔文手势，让学生更准确地唱好３５６音准。

3.通过律动及创设情境让学生更好地了解蒙古族风情。

【教学重点】

重点：有感情的演唱歌曲。

难点：边唱边表演歌曲。

【教学过程】

一、律动导入

活动目标：学习动作感受音乐意境。

活动步骤：

1.随音乐《鸿雁》跟老师做飞行动作进教室。

第一遍随音乐踩恒拍进入教室。

4/4　ＸＸＸ－｜ＸＸＸ－｜ＸＸＸＸ｜Ｘ－－－｜

师：欢迎大家来到美妙的音乐世界，请同学们跟着我的脚步进教室，走到安排好的位置后请原地做动作。

2.第二遍：在安排好的位置原地踏步，加上手部动作，提醒手臂动作舒展柔软。

师：鸿雁的动作再舒展一点。

活动量评：学生能够随音乐进行律动。

设计意图：通过律动，感知恒拍。

二、游戏体验

活动目标：通过动作变化感知乐句，运用旋律线和柯尔文手势学习音符。

活动步骤：

1. 聆听音乐，模仿动作。

师：我们随着这首悠扬的《鸿雁》，模仿了鸿雁飞行的动作，现在请你们来看看老师的动作，找一找飞行规律（先两步飞两次四步飞一次，再重复）。

生：听音乐思考飞行规律并模仿。

2. 区分动作。

师：手的动作有区别吗？生：是的，有大有小，在二分音符时是小翅膀，全音符时是大翅膀。

3. 感知乐句。

师：我们的动作每一次发生变化，就像音乐讲了一句话一样，我们称它为乐句，大家再观察一下老师的动作发生了几次变化呢？

活动量评：学生可以随着音乐和律动区分乐句。

设计意图：指导动作，引导学生根据舞蹈动作找音乐节奏规律及乐句变化。

4. 听音乐，小鸿雁"翻山越岭"。

师：同学们的眼神真犀利，我们的歌曲有四个乐句，现在大家看看老师的动作发生了什么变化？（生：有高有低。）为什么会有高有低？你们能随着音乐高低飞行吗？一起随音乐先试一试。（生飞，师画旋律线，选出领头雁。）

师：你们的姿势像极了可爱的小鸿雁，特别是这位同学，动作舒展优美，老师特别邀请你来当我们鸿雁队的领头雁。刚才老师随着你们的飞行路线画了一条轨迹，你们看这像什么（山）。看来刚才小鸿雁们翻山越岭了啊，老师这里有几个音符，谁能把音符放在合适的山顶和山谷呢。

5. 柯尔文手势模唱。

师：同学们真会观察，那我们一起来唱一唱这几个音吧！

师：和老师一起做柯尔文手势唱一唱，看看哪个音比较高。

师：小鸿雁往上飞的时候音高了，需要用点力，我们就唱的稍微强一点；向下飞的时候音低了，比较轻松，我们就唱的弱一点。加上大翅膀小翅膀的动作。

师：同学们音乐素质真不错，现在请找一找这段乐曲中相同的小节。

师：同学们真会观察，两个乐句的前两小节是相同的，那我们一起来唱一唱。

师：很好听哦，接下来我们合作把这首旋律唱完，相同的小节你们唱，不同的由老师唱。

师：已经很不错了，我们再运用一点气息把小鸿雁翻山越岭的强弱感觉再唱出来一点，再来合作一次！

师：这声音太美妙了，原来小鸿雁的歌声也这么美。

活动量化：学生认识３５６，并且知道音高。

设计意图：通过鸿雁飞行的线路引出旋律线，让学生知道音的高低，再用柯尔文手势加强学生对音高的认知。

三、感知风情

活动目标：

感受蒙古族风情并学习一些蒙古族舞蹈动作。

活动步骤：

1. 介绍风情并观看舞蹈。

师：冬去春来，小鸿雁们回到了自己的故乡，看到了大草原上有牛和羊，人们穿着漂亮的衣服，吃着最喜欢的食物，住着圆顶的毡房，他们最喜欢骑马，被大家称为马背上的民族，这里的人民热情好客，勤劳勇敢，能歌善舞。

2. 猜一猜是什么民族。

师：请看完舞蹈后猜一猜这是什么民族。（蒙古族。）

3. 学简单动作。

师：刚才的舞蹈中哪个动作你最喜欢，我们一起来学一学。

（揉臂，揉肩，碎抖肩，后缠手，骑马勒缰绳）

同学们真有学习舞蹈的天赋。

4. 播放图片，教师随伴奏歌唱。

师：这个民族如此美好，草原上的小牧民也情不自禁想用歌声来表达一下。

活动量评：学生可以猜出地名并准确学习舞蹈动作。

设计意图：通过欣赏图片、舞蹈、歌曲，感受蒙古风情。

四、学唱歌曲

活动目标：有感情的演唱歌曲并能够自然加入律动。

活动步骤：

1. 随琴默唱，加入歌词。

师：大家觉得小牧民在唱这首歌时是怎样的心情呢？小牧民也想请同学们学一学这首他们家乡的歌曲《草原上》，请同学们看着歌词跟着琴声在心里默唱。

2. 生全体跟琴唱。

师：请同学们挺直背，面带微笑，用甜美自信的声音来唱一唱歌曲。

3. 指导歌唱，处理强弱及情感。

我们看到美景时心情怎样，再想一想小鸿雁翻山越岭时的感觉，加上强弱的力度，老师相信你们会唱得更好听，也可以试着加入飞行的动作。

4. 看图分组演唱加律动。

师：现在老师请女同学当鸿雁队，随着男生的歌声做起飞状。

领头雁可以带着雁群飞行起来。

5. 背歌词。

师：歌声扬，动作美，我们一起来看着美景唱歌吧！请鸿雁队也一边唱着歌一边飞回位置。

活动评量：大部分学生能够有感情地背唱歌曲并自然加入律动。

设计意图：通过默唱、接唱的方法学唱歌曲，引导学生有感情的演唱歌曲。

五、情景表演

活动目标：能够随音乐边唱边跳边演奏出串铃的节奏，展现草原上的自然景象。

活动步骤：

1. 加入鸿雁飞演唱歌曲并观察教师在何处加入（骑马）律动。

师：当你们在唱歌跳舞时有没有发现谁来了？对，蒙古族的汉子来了，同学们骑马的时候马蹄会发出什么样的声音？谁来模仿一下？（响舌。）

2. 学习律动的节奏型 ta ta titi ta ｜ ta ta titi ta ｜ tatatata ｜ titi ta titi ta ‖ 。

师：那我们就用这声音有节奏地来模仿马蹄的声音，请仔细听。

3. 动作教学。

（1）教学骑马的手上姿势（学会后随音乐和马蹄声）。

师：马儿都已经准备好了，那我们就上马吧！谁骑得最标准，老师就让他来当领头骑士。

（2）选出领头骑士，教师加入串铃骑马，并将串铃给领头骑士。

师：现在请领头骑士随着女生的悠扬歌声带着你的马队在草原上放牧吧，注意安全第一，不可碰撞，音乐结束要轻轻的快速回到位置。

4. 创设情境合作表演

（1）师当鸿雁边唱边律动，生骑马（马蹄声律动）。

师：看着这么帅气的骑士，领头雁带着她的雁群也忍不住纷纷起飞。鸿雁队，你们准备好了吗，我们飞起来、唱起来，骑士队也一起动起来。

（2）学生分组律动。

师：同学们表演得很不错，鸿雁的歌声可以再甜美些，动作再自信些，骑士们的动作再帅气些，马蹄声再整齐一点，我们一起来展现草原上的美丽风光！

（3）创编简单律动。

师：刚才同学们学了一些蒙古族的动作，我们一起加进来跳一跳。第一段我们按照原来的，鸿雁队和骑士队表演，第二段我们就来个牧民载歌载舞吧！

活动评量：学生随音乐表演，律动得不错但是容易忘记唱歌。

设计意图：通过角色扮演，融入歌曲环境，让学生更好地感受歌曲的意境。

六、小结下课

时间过得真快，在这短短的四十分钟里我们只能粗略地了解草原的风光，学习感受了一点蒙古族的歌舞，希望课后同学们可以多去找一找大草原上的歌曲，学跳大草原上的舞蹈，有机会到大草原上玩一玩。

【教学反思】

一、情感体验为基础

我认为一堂能给学生带来欢乐与回味的音乐课，首先需要根据学生的身心特点给他们带来美好的情感体验，因此我在音乐课堂中创设情境，让学生模仿鸿雁和骑士，通过身势律动、旋律线、柯尔文手势、乐器演奏等活动学唱歌曲营造生动有趣的课堂环境，激发学生学习的积极性。

二、关注聆听为重点

音乐课堂的一切活动都应该建立在听的基础上，太过单一的聆听会让学生进入麻木状态，如何让聆听变得有趣，我结合新体系的教学，每一次的聆听都让学生加入和音乐相融合的实践活动，从而让学生循序渐进地学唱歌曲，让音乐学习变得轻松更有效率。

案例6：《摇啊摇》

林园园

【创新出处】

创新一：以情创境，以演促学。

结合教材实际，开展音乐实践活动，并借助旋律与节奏、情感与意境、表演与演唱的有机结合，帮助学生获得更形象、更生动、更立体的音乐形象。通过回忆童年、重念童谣、重拾童趣、再现童声四个环节，使学生在尽情地"玩乐"中入境、入趣、入情，激发学生主动学习与参与活动的欲望。

创新二：巧设情境，趣味律动。

达尔克罗兹反复强调，音乐教学应该通过游戏活动唤醒儿童对音乐艺术和生活的热爱，唤醒儿童的音乐意识和音乐本能。以童年为主线，活动环节遵循循序渐进、层层递进的原则，皆在引导学生关注音乐，使每个学生亲身感受音乐，获得美的享受和快乐的体验。

【单元浏览】

本单元以"童年"为主题，体现学生的成长离不开人文关怀。围绕这一主题，教材安排了四首音乐作品。这四首音乐作品犹如四幅精致多彩的画面，表达了童年生活的幸福和快乐。《摇啊摇》是其中一首优美的歌曲，通过学唱歌曲提高学生对"３５６"的音高听辨和演唱能力，为下一课知识点"３５６"唱名认知做了铺垫。

【教材分析】

《摇啊摇》是一首上海童谣，歌词亲切、质朴，旋律优美、宁静、抒情，整首歌如同一股涓涓细流，又如同一个含苞待放的花蕾，散发着童谣的魅力与芬芳。这首童谣传唱度很广，版本很多，但是情感主题都没有变，表达出了浓浓的亲情爱意。它还是一首很好的睡眠曲，轻柔的曲子从妈妈的口中轻轻哼出，陪伴着孩子进入甜蜜的梦乡。让我们在轻轻吟唱中，不知不觉回到童年那段美好的时光。

【学情分析】

三年级的学生善于模仿、乐于表现，能够用自己的声音、动作或乐器进行模仿，并随之哼唱。经过两年多的音乐训练，学生已经掌握了一定的音乐技能，包括律动、识谱、歌唱、乐器伴奏等。我利用"摇船"这一童年趣事，采用歌曲与体态律动、表演相结合的教学手段进行直观教学。本课以快乐—兴趣的享受色调为中心构建情感教育，激发、培养学生的音乐兴趣，提高他们的模仿和表演能力，开发音乐感知力。

【教学目标】

1. 通过歌曲的律动、学唱，感受 6/8 拍的强弱规律特点，能用自然优美的歌声完整演唱。

2. 在童年美好的情境中参与感知音乐，并能用合适的打击乐器、伴奏型、律动为歌曲添彩。

3. 通过音乐实践活动表达童年生活的幸福和快乐及对童年生活的热爱之情。

【教学重难点】

重点：能用自然优美的歌声完整演唱。

难点：通过摇船形式感知 6/8 拍摇摆的音乐形象，并创设情境，用"抬头眺望"和"弯腰过桥"来表现旋律高低的变化。

【教学准备】

钢琴、多媒体设备、打击乐器。

【教学过程】

活动一：微视频创设情境

活动目标：通过视频播放黑白画面的江南水乡、小船、拱桥和外婆的家，创设久远时代的画面勾起大家的回忆；上海方言的童谣旁白让学生感受地方色彩及多元文化。

活动步骤：

1. 开学礼物，观看上海童谣《摇啊摇》视频，谈感受。

2. 畅谈自己的童年趣事。

3. 童年外婆家印象——桥。

听辨３５６音高，轻声唱唱名，做柯尔文手势。

活动评量：学生能入境入情，听辨音高掌握较佳。

设计意图：

1. 学生在黑白画面的视频中感受到时代的年轮，勾起他们对童年的回忆并畅所欲言。

2. 展示不同高度、不同样式的桥不仅吸引了学生的注意力，还能通过视听联觉来解决本课重点之一。

活动二：重念童谣

活动目标：通过童谣的吟诵熟悉歌词，感知歌曲旋律，为歌曲学习打下基础。

活动步骤：

1. 教师模仿上海腔调轻念童谣（歌曲伴奏作为背景音乐）。

2. 学生有记忆、有感情地念童谣（教师用填空法、擦除法来帮助学生记忆童谣内容）。

活动评量：童谣内容简单，教师稍加引导学生就可以记住。

设计意图：在念童谣的时候通过添加伴奏音乐既能熟悉歌曲旋律又可创设情境，多种方式记忆童谣，增趣又功倍。

活动三：重拾童趣

活动目标：通过划船感知乐曲的优美舒展；学会感知强拍并用动作或打击乐器表现出来。

活动步骤：

1. 师生当船夫摇船，相互观察模仿并评价。

2. 突出强拍摇小船，注意动作幅度和力度的变化。

3. 随音乐请学生在强拍处加打击乐器，其他人继续摇小船。

活动评量：学生能准确地在强拍处做出相应动作，也能在强拍处准确演奏打击乐器。

设计意图：熟悉音乐的同时感受 6 拍子的强弱特点及摇摆感觉。在强拍处加上打击乐器，让学生学会打击乐器演奏、伴奏时感知多层次音乐元素的融合，感受音乐的魅力。

活动四：重现童声

活动目标：用自然优美的声音有感情地演唱歌曲；选择合适的乐器和伴奏型为歌曲伴奏；用合适的动作表现对音乐的感受。

活动步骤：

1. 聆听全曲，感受歌曲情绪。

2. 画线谱熟悉旋律走向。

3. 出示曲谱，听旋律填充空缺部分并演唱，加柯尔文手势。

4. 听全曲模仿划小船，做出高低和渐慢的变化。

（遥见外婆挥手眺望，弯腰低头过桥抵达岸边。）

5. 教师演唱歌曲，学生划船律动，通过弯腰低头的次数提示歌曲反复记号的使用。

6. 生边唱边做划船状。

7. 三角铁伴奏（滚奏＋敲奏）。

8. 边唱边划边奏。

活动评量：学生线谱画得很流畅，能准确听出音高，大部分能听出音名；划船过程中增加情境表演，有少部分学生一时无法协调。

设计意图：本环节中各项小活动比较多，画线谱为听辨音高做个小小的铺垫，同时也为学生增加学习乐趣，让他们在动中感受。后面的听辨就不成问题。学唱歌曲中总想着再创设一些情境，让学生更容易掌握技能，同时更自然的真情流露，如：遥见外婆挥手眺望，弯腰低头过桥抵达岸边，既符合歌曲旋律变化的需要，也是情节发展的体现。在前奏即将开始时用三角铁滚奏表现外婆对我们的欢迎，然后在强拍处敲奏，既突出强拍增加音效，又向学生展示了滚奏和敲奏两种不同的演奏方法。

【教学反思】

我个人一直认同"音乐源自生活"这句话，歌曲的拍子和旋律的起伏无不表现船的游荡与摇摆，因此我就抓住这个音乐特点进行重点突破，学生模仿划小船的律动，顺利地熟悉了歌曲，成功地感知 6 拍子的摇摆感。通过创设和外婆打招呼的情景，通过高高的桥需要挥手眺望，通过矮小的桥需要低头弯腰等不同场景的表现，这些都是他们日常生活中的体验，让他们想象并表演出来不会有难度，学生兴趣高，配合度高，协作顺利，进一步提升了学生的表现力和创造力。

在教学中也还有很多欠缺，如对于旋律听辨、曲谱填空这个环节，我想应该由简入难，而不是一股脑全部一起听；先听一样的小节，比如 3－6｜5－－｜（　　　）｜（

　　）｜，重复的简单，树立信心后再增加难度。对演唱歌曲的声音的关注度还有待提升，做到轻而不虚，保持轻声高位的状态，多提醒学生耳中始终要有自己和的声音，而且是有要求的声音，养成良好的歌唱习惯及声音要求。

案例 7：《美丽的黄昏 1》

包丛丛

【创新出处】

本课音乐活动设计强调学生对音乐的实践体验，学生只有积极参与音乐实践活动中，才能获得音乐体验。正如新体系的理念"让音乐属于每个学生"，将新课程标准理念贯穿始终，通过爬山坡、初现黄昏、感受黄昏、嬉戏玩耍、旅程归来等一系列活动，使每个学生亲身感受音乐，获得美的享受和快乐的体验。

通过"音乐之旅，欣赏黄昏"这一主线，活动环节遵循循序渐进、层层递进的原则，引导学生在律动中学习音乐，并用柯尔文手势帮助两声部练唱，为后续轮唱歌曲打下基础。在后续轮唱环节中，我通过游戏的方式，让学生在玩中学，轻松愉快学习音乐。通过一系列实践体验音乐，促进学生听觉、动觉、情感思维发展，培养学生内在的音乐感。

【单元浏览】

本单元围绕"钟声"这一主题，选编了四首中外不同体裁、不同风格的欣赏与演唱作品。从不同的角度表达钟声，感受音乐中表达不同意境的"钟声"效果，唤起人们无限的遐想。《美丽的黄昏》是一首轮唱歌曲，是继二年级下册《两只老虎》轮唱实际后又一首轮唱实践课。这些练习都是为了三年级下册将出示的"合唱"知识点所安排的内容，使学生接受合唱知识和掌握合唱技能有一个循序渐进的过程。

【教材分析】

这是一首广泛流传于欧美地区的歌曲。歌曲 3/4 拍，G大调，一段体构成。全曲有三个乐句构成，第一乐句和第二乐句节奏完全相同，旋律成三度进行，而第三乐句用 X－－的固定节奏描述美妙的钟声。

这是一首轮唱歌曲，通过学习轮唱这种演唱形式，体验轮唱的和声美感。歌曲《美丽的黄昏》的轮唱方式，与传统的轮唱方式不太一样。一般我们最常见到的轮唱方式是一个声部唱一或两小节后另一个声部再进入，但这首歌曲采用的轮唱方式，是在第一个声部唱完第六个小节后，第二个声部才进入。

【学情分析】

三年级的学生学唱歌曲的能力增强，通过教师引导，能较好地表现歌曲。教学活动的设计应尽量生动有趣，吸引学生的兴趣。对于轮唱学生还是有经验的，二年级曾经接触过二声部轮唱的歌曲，这首歌曲是学生第二次接触二部轮唱，通过丰富的音乐活动应该能较好地学会歌曲。

【教学目标】

1. 能用自然连贯的声音演唱歌曲《美丽的黄昏》。

2. 会画歌曲的旋律线，歌曲中加入强弱记号，并能以此来表现歌曲情绪。

3. 通过和谐的二部轮唱表现歌曲意境，并在律动中表现歌曲。

【教学重难点】

重点：用优美、和谐的声音演唱歌曲。

难点：二声部轮唱的演唱。

【教学用具】钢琴、口风琴、游戏道具。

【教学过程】

活动一：音乐之旅，上山爬坡。

活动目的：通过"爬坡"游戏，初步感知轮唱。

活动步骤：

1. 律动进教室。

随《小白船》音乐踏着三拍子的脚步律动进入课堂，围成圆圈坐下。

2. 爬坡游戏。

师带生用柯尔文手势演唱 do mi so。

分组，左边学生跟师左手手势演唱，右边学生跟师右手爬山坡。

①1 — — | 1 — — | 3 — — | 3 — — | 5 — — | 5 — — ‖

0 0 0 | 1 — — | 0 0 0 | 3 — — | 0 0 0 | 5 — — ‖

②1 — — | 3 — — | 5 — — | 5 — — | 3 — — | 1 — — | 1 — — ‖

0 0 0 | 1 — — | 3 — — | 5 — — | 5 — — | 3 — — | 1 — — ‖

设计意图：

1. 恒拍进教室，有助于学生稳定歌曲的节拍，也为后面歌曲学唱做准备。

2. 通过"爬坡"游戏活动激发学生学习的兴趣，为歌曲学唱以及轮唱的加入打好稳定的基础。

活动二：初现"黄昏",感受音乐

活动目标：

1. 初步感受歌曲的情绪。

2. 了解歌曲的结构、乐句。

3. 通过律动的活动，掌握三拍子节奏。

活动步骤：

1. 初听《美丽的黄昏》。

来到山上，发现那么美的风景，师不禁要感叹（用尤克里里弹唱歌曲）。

2. 感受节拍。

（1）师有节奏的引导：3/4　　　X　　　　X　　　　X

拍手　点手心　点手心

（2）播放伴奏音乐：跟音乐拍一拍 XX X。

问：你感觉这个音乐大概是几拍子的，它的强弱规律是什么？

（师板书 3/4 ● ○ ○）

3. 律动感知轮唱。

师左边生用拍手 X XX，右边生用律动的动作。

第一遍大家同时拍第一声部。

第二遍左边生拍第一声部，右边生做第二声部。

设计理念：学生通过静听、动听、表演等方式熟悉歌曲，在行进中了解歌曲的曲式结构。在分组为音乐拍节奏中进一步巩固轮唱，为接下来的演唱轮唱打下基础。师用尤克里里弹奏，让生仿佛有在山上赏景、听音乐的感觉，更加身临其境。

活动三：感受"黄昏"，学唱歌曲

活动目的：

1. 通过画旋律线，初步视唱曲谱。

2. 学唱歌曲时，能更好表现歌曲情绪。

活动步骤：

1. 学唱旋律。

（1）师唱第一句画出旋律线，并让学生模仿。

（2）第二句旋律线要求学生自己画一画，引导学生发现旋律的特点（第一、第二句旋律线相同）。

（3）生边画旋律线边唱歌谱。

2. 感知歌词情绪。

（1）跟着《美丽的黄昏》伴奏，出示黄昏图，师讲解。

当你在黄昏漫步，看到如此的美景，会不由自主地赞叹（唱第一句歌词）（用尤克里里伴奏），这时远处传来悠扬的钟声，为这幅美丽的景色增添一份诗意，不禁会让人有些激动，这时歌声会增强一些（师唱第二句），最后钟声消失在迷人的黄昏中（师唱第三句）。

（2）出示图片：力度记号 mp，mf，减弱。

选择每句该用什么记号？

（3）师带着这个情绪再次范唱歌曲。

3. 歌曲学唱。

（1）引导学生用之前处理的力度记号，演唱一、二句。

（2）第三句模仿钟声，引导学生像空心的钟一样，用嘴做空心状，发出回音的感觉，并渐渐消失。

（3）用优美的情绪完整演唱歌曲。

4．记忆歌曲。

（1）利用擦除法：瞧，少了几句歌词，你能唱好没有歌词的部分吗？

（2）背唱歌曲。

设计理念：在学唱过程中，旋律线的加入让学生能直观了解音乐的结构，歌曲情绪处理上我运用情境融入，让学生能更快了解歌曲情绪，并能运用到歌唱中。

活动四：美丽黄昏，嬉戏玩耍

活动目的：

1．在游戏中学会轮唱。

2．学会相互配合，完成歌曲。

活动步骤：

叮咚	叮咚
第二句	第二句
第一句	第一句

1．请两个学生跳格子，一个先跳一步，一个晚跳一步。生跟先跳的同学唱，师跟后跳的同学唱（先跳的同学叮咚要跳三下，后跳的同学叮咚跳一下）。

第二遍互换。

2．分两组，每组请一个同学上来跳格子。

同组的同学跳哪，那组的同学就唱哪。

3. 请会吹口风琴的同学，两组各请两个，跟着跳格子的同学吹奏，其他跟着同学唱。

活动五：诠释"黄昏"，旅程回归

活动目的：分声部、分角色完整表现作品，初步形成轮唱的概念。

活动步骤：

1. 依旧分两组，口风琴组同学继续带着各组同学轮唱（师用柯尔文手势做每句的第一个音，一只手高音一只手低音）。

2. 先唱的那组，边唱边加入拍ＸＸＸ，后唱的那组加入律动的动作，完整表演（口风琴继续稳定音准）。

3. 跟着音乐，完整演唱表演歌曲，师用尤克里里弹奏。

最后，跟着音乐律动出教室。

设计理念：在前面学唱的轮唱练习基础上，通过真实的操练提升轮唱的能力，培养相互倾听的习惯，为以后的合唱打下基础。

【教学反思】

音乐课程标准的基本理念指出：注重以音乐审美为核心；以兴趣爱好为动力；面向全体学生；注重个性发展；重视音乐实践；鼓励音乐创造。在这堂课中，我以生为本，融合新体系的教学方法，采用听、唱、动等方式，以音乐之旅的情节，让学生积极参与到音乐活动当中，激发学生的学习热情，掌握学习知识和技能。

《美丽的黄昏》这一课，教材上只有一首歌曲和用六个音进行编曲创作的一个练习，资料十分匮乏。如果按传统方法上课，虽然很轻松，但无疑是枯燥的。于是我大胆创设与教学内容相吻合的教学情境，提供开放式的教学模式，突出了学生的主体地位，积极引导学生感知、体验、表现音乐，激发学生对学习的兴趣，努力缩短音乐艺术与现实生活之间的距离，着眼于学生的艺术发展，融合众多艺术风格于一体。我从一开始就用柯尔文手势进行简易的轮唱，再结合律动引出黄昏、钟声的音乐，直接进入歌曲的主题——"美丽的黄昏，美妙的钟声"，同时也让学生感受到这个演唱形式大概是怎么回事。再从游戏出发，让学生寓教于乐，重点解决二部轮唱这个难点，积极鼓励学生进行实践试验。整个教学过程关注音乐审美本身，重视学生音乐实践的愉悦。

因为我们是刚接触双声部的歌曲，并且歌曲中的轮唱有一定的和声要求，我们不可能要求学生在一堂课中就能做得尽善尽美。音乐具有弥漫性，音乐的弥漫性也体现在它的消化与吸收需要一个过程。所以，在本节课中，学生基本掌握了歌曲的演唱，明确了双声部的进行，同时主动去表现歌曲意境。但如果要唱到娴熟、完全准确，我想那将需要一个有计划的、长期的过程。从学生的角度出发，由于农村学生音乐体验较少，对于三拍子的节奏感不是很强，当第二声部进入的时候，两个声部很容易相互带跑音调，在这个部分我的引导还有待提高。

案例 8：《摇篮曲》

杨　瞻

【创新出处】

本课将新课程标准理念贯穿始终，坚持以生为本，通过创设情境、唤起母爱、品味母爱、感恩母爱等一系列活动，使每个学生亲身感受音乐，获得美的享受和爱的体验。

创新一：有效律动

以摇篮曲为主线，活动环节循序渐进、层层递进，引导学生在律动中关注音乐，不断促进学生听觉、动觉、情感思维发展，培养学生的内心音乐感。

创新二：趣味识谱

本课结合新体系教学法，用柯尔文手势、旋律线等方法帮助学生进行演唱，稳定音准，不仅巩固学生的视唱能力，也为后续准确演唱歌曲打下坚实的基础。

【教材分析】

《摇篮曲》是一首德国传统民歌风格的歌曲，作于1868年，它通过强弱拍节奏的起伏来塑造摇篮摆动的形象。歌曲曲调优美抒情，语气安详平缓，细腻地勾勒出一幅母亲对学生亲切祝福的动人画面。这首歌曲采用 D 大调，3/4 拍，歌曲的前半段简朴的主题充满了温和安详的情绪，表现了母亲深挚的爱，后半段的两句，以上行的八度充分，充满了希望与憧憬的情绪。

【学情分析】

四年级的学生，思维逐渐成熟，学习积极性高，乐于表现。技能方面学生已经掌握基本的发声方式，对摇篮曲的体裁、三拍子、倚音等音乐知识也有一定的了解。本课的学习是要进一步了解摇篮曲的特征，感受深沉的母爱。女同学对摇篮曲比较喜欢，男同学的接受度相对差一些，因而要抓住不同学生的心理、认知规律等特点，采用灵活多样、新颖有趣的教学手段，来吸引他们的注意力，提高课堂教学效果，让学生都能主动参与活动。

【教学目标】

1. 通过歌曲学习，了解音乐家勃拉姆斯，激发学生学习音乐的兴趣，培养终身热爱音乐的情感。

2. 能用轻柔的声音有感情地演唱《摇篮曲》，感受摇篮曲的美与母爱的伟大。

3. 了解《摇篮曲》这种歌曲体裁形式，体会它的风格特点。

【教学重难点】

1. 能用轻柔的声音有感情地演唱《摇篮曲》，感受摇篮曲的美与伟大。

2. 歌曲八度大跳及双倚音的准确演唱。

【教学过程】

活动一：以旧"唤"新，创境入情

活动目标：通过聆听音乐节奏、节拍，感受摇篮曲摇曳的风格特点。

活动步骤：听音乐判断歌曲的体裁，引出课题《摇篮曲》。

活动评量：学生是否准确判断歌曲的体裁。

设计理念：唤起学生对摇篮曲这一音乐知识的已有经验，激发学生对新知识的渴望。

活动二：视听结合，唤醒母爱

过渡语：中外摇篮曲非常多，今天我们要来学习一首非常经典的摇篮曲，那就是来自勃拉姆斯的《摇篮曲》。

活动目标：通过音乐各个要素，体会德国传统民谣的特点。

活动步骤：

1. 视听歌曲。

让学生欣赏感受，体会歌曲的意境及情感。

要求：闭上眼睛，用心体会歌曲。

2. 交流体会。

播放《摇篮曲》，感受这首曲子所表达的思想感情，请学生从速度、力度、情绪等方面谈感受。

3. 了解作者及摇篮曲的创作背景。

1868 年，法柏夫人生了第二个男孩，作曲家勃拉姆斯闻讯后，决定写一首"摇篮曲"向她表示庆贺。于是，便从《德意志儿童绘画读本》一书中选取一首童谣并将其改编成歌词，从而创作出这首脍炙人口的《摇篮曲》。

4. 播放音乐，启发学生展开想象，表现妈妈在哄心爱的宝宝睡觉的情景，画面充满了温馨、甜蜜、安静。

活动评量：学生能否从音乐的要素出发去理解歌曲，简单分析作品特点。

设计理念：学生完全从音乐的角度感知音乐风格特征，培养学生良好的聆听音乐的习惯。在律动中感知节拍与风格特点，也为后续的学习铺设足够的聆听体验。

活动三：动中有静，感知结构

活动目标：通过画一画、摇一摇等活动，感受歌曲的结构与音符。

活动步骤：

1. 听老师范唱并画一画旋律线。

2. 说一说有几个乐句。

3. 请用三拍子的步伐走出四个方位来表现四个乐句。

4. 伸出手画一画旋律线，并用 LU 哼唱。

活动评量：学生对乐句的变化能否做出相应的反

应——行进方向的变化。

设计理念：本环节集音乐律动、美术为一体，又始终围绕"音乐旋律"展开教学，通过活动深化学生对音乐的理解。既关注了学科综合，又突出了音乐教学的音乐性。

活动四：深情发声，歌唱母爱

活动目标：

1. 初步视唱曲谱（不同程度的学生要求不同）。

2. 认识倚音并能唱出倚音的感觉。

3. 通过多种形式的演唱，记忆歌词，并有感情地背唱《摇篮曲》。

活动步骤：

1. 学唱谱。

（1）观察旋律有什么发现，三、四句相似的乐句（同头换尾的创作手法）。

（2）师生合作接唱三、四句，感受八度大跳，教师提示气息与歌唱状态。

（3）找出曲谱中一个特殊的音乐记号：双倚音，并唱一唱，感受这个倚音表达的情感。

（4）尝试完整演唱全曲曲谱。

2. 学唱词。

（1）学生进行填词演唱，教师辅以琴声伴奏。

（2）说一说四个乐句是否都用同样的情绪。

（3）鼓励学生进行分组合作表演，教师点评并辅导。引导学生背记歌词，用连贯流畅、甜美柔和的声音声情并茂地完整演唱歌曲。

3. 表演唱。

（1）加身体动作，表现三拍子强弱弱规律进行演唱。

（2）加打击乐进行演唱。

活动评量：观察学生能否边画旋律线边用轻柔的声音哼唱歌曲。

设计理念：这一环节主要运用了国际三大体系的教学理念及方法，利用空间体验、图谱感受、擦记歌词、探索学习等教学方式，让学生在学唱的过程中不那么枯燥，进而达到以"声"动"情"的目的。

活动五：拓展延伸，感恩母爱

活动目标：通过中外《摇篮曲》的对比，寻找异同。让学生增长音乐知识，开阔眼界。用适当的课外知识来充实课堂，使学生能够体会妈妈的爱。

活动步骤：

1. 欣赏中外摇篮曲，让学生明白摇篮曲所表达的共同主题，那就是伟大的母爱，并用自己的话表达对母亲的爱。

2. 生谈谈感受（摇篮曲有什么共同的特点，也可以谈谈中外摇篮曲的不同之处）。

活动评量：学生能在中外音乐中感受、体悟各种摇篮曲的不同风格。

设计理念：本环节是整堂课的提升，从国外到国内，不同国度、不同风格的摇篮曲的欣赏，充实了课堂知识，拓宽学生的认知领域，也让学生对摇篮曲这一体裁的作品有更进一步全面深入的了解。

【教学反思】

本课的设计中我希望在教学过程中要自始至终营造一种温馨、祥和的氛围，引导学生用情学、用情唱。所以在一开始导入新课时，我特别注重音乐情境的创设，希望能让学生一下子融入这节课中来，并希望将这种安宁、温馨的气氛贯穿于整节课中。在第二次聆听中，我要求学生跟着音乐，回味躺在妈妈怀里、躺在摇篮里的那种感觉。这一环节的设计，一是为了让学生多一次聆听来感受歌曲；二是为了通过动作的变化，让学生感受两个乐段的不同。在唱谱时我采用听唱法和图谱教学法进行教学；在歌曲的情感处理中，我主要是通过自己的演唱和动作提醒学生歌曲的两个乐段，同时更加突出两个乐段的变化，以便学生的寻找和演唱。因为这首歌本身的两个乐段变化不是很大，所以学生在演唱时也不是非常明显，但我能感觉到学生还是去这样努力做了。课堂拓展我主要设计了中外摇篮曲的对比，让学生寻找异同。学生不仅增长了音乐知识，而且开阔了眼界。适当的课外知识可以充实课堂，使学生能够体会妈妈的爱，同时也作为学生献给妈妈最珍贵的礼物。

【板书】

《摇篮曲》——［德国］勃拉姆斯

1＝F

速度：稍慢、舒缓

力度：轻柔

氛围：温馨、亲切、安宁、优美，充满母亲对学生（的爱）未来的祝福和希望。

案例 9：《春声》

陶伶俐

【创新出处】

中央音乐学院音乐教育新体系音乐教材编排以季节为序，执教一年级下册第二单元《春来》的时间为 3—4 月，所处自然环境、人文环境恰好与初春时令相吻合，其教学理念是"让音乐属于每个学生""以感性音乐活动过程为主""培养内心音乐联觉能力"等。

创新一：渗透人文

了解春天万物复苏的情景：春雷地奋，流水潺潺，斜风细雨，草书发芽，百鸟鸣春，鲜花开放，让学生在音乐活动中感受、体验、创造。

创新二：积累经验

通过语言、歌唱、声势、队形等音乐活动尝试模拟自然生活中的春雷、春风和春雨。让学生体验不同角色不同的音乐表达方式，以及不同性格的音乐带给学生的不同感受和情绪反应，如由低沉响亮的春雷引起的兴奋情绪，和暖的春风和细润的春雨导致的舒缓情绪等，在音乐中积累情感经验，积累音乐经验。

创新三：合作交往

集体内心音乐的训练《春天来了》，视节奏字母谱的演唱《春夜喜雨》，一个声部为固定音型的二声部、三声部歌唱。学生即使处于一年级也十分注重集体合作意识，如交往意识、声部意识、强调集体分工与合作，提高能力。

【教材分析】

一年级下册第二单元春来主题共分春声、春色、春醒三部分教学内容，将春天的景与物融入音乐实践活动，随着音乐经验、情感经验积累，将春天的声音、色彩、动物一一展现，引导学生呼唤春天、感受春来，迎接春天。《春声》部分所展现的即是冬去春来，万物复苏的情景。

【学情分析】

一年级学生活泼又好动，天性使然，无拘束，控制力弱，新体系课堂的音乐实践活动则要求是"活"而不"乱"、动静相宜，故学生的聆听、表现、合作规则均是重点培养巩固阶段，逐渐建立规则意识，强调集体意识让每个音乐实践活动有序、有质、有效。

【教学目标】

1. 通过念白、声势、歌唱及集体多声部合作复习巩固《春天来了》。

2. 学习《春夜喜雨》，能轻声自然歌唱，并用固定音型的二声部合作表现。

3. 掌握二线谱上固定音高"5""3""2""1"的位置，并能听唱记忆由其组成的简短乐句。

【教学重点】通过语言、歌唱、声势、队形等音乐活动，尝试模拟自然生活中的春雷、春风和春雨。

【教学难点】集体多声部合作，营造生机盎然的春天。

【教具准备】铃鼓，碰铃，配套课件，贴纸，彩色吸铁石等。

【教学流程】

活动一：春的脚步

活动目标：

1. 稳定巩固恒怕感，跟随音乐有序进入。

2. 创设春的教学情境氛围，明确学习主题内容。

活动步骤：

1. 学生在教室外两路纵队跟随录音《嘀哩嘀哩》以 X　X ｜ X　X｜恒拍律动进音乐室，教师以手势、表情等方式提醒学生行进脚步轻快，合着音乐速度，带着轻松的表情，恒拍步伐走进音乐室。

2. 按圆圈位置调整坐好。

师："同学们，欢迎你们来到音乐室和老师一起迎接春天！"

活动评量：学生在进行中恒拍是否稳定，前后距离适当，脚步协调轻快。

设计意图：在音乐中轻松、快乐、有序地进入春的教室，遵守规则控制音量、脚步，注意观察、聆听并调整。

活动二：春天来了

活动目标：复习《春天来了》，巩固二分、四分、八分音符，多声部合作。

活动步骤：

1. 出示谱例《春天来了》。

（1）合作模仿春天的各种声响，师模仿声音，生接词，师生保持一样的声势动作、恒拍速度。（师生接龙念）

（2）你能完整地把三段连起来读一次吗？（生完整念）

（3）春雷用轰隆隆响亮的声音向大地宣告春天来了，春风温和地送春姑娘一起归来，春雨细细绵绵地滋润着万物，催开了枝头上的花朵。春雷、春风、春雨都是春天的使者，她们各自带着不同的使命和春天做伴。

（4）这次带着这样不同的感受分组来扮演三个春的使者，红队（沉闷响亮的春雷）、黄队（温和的春风）、蓝、绿队（细细的春雨）循环两次结束（用不同情绪与声响表现春的使者）。

（5）我们把春雷、春风、春雨一起加入春天里，那会是怎样的音响效果呢？一起试一试，准备开始——（三声部组合）。

（6）小结：同学们合作的《春之声》好听又有趣，让我们用歌声把春雷、春风、春雨唱出来吧！（律动与歌唱呈现）

活动评量：能将自己的声音、节奏融入集体声音中，不突出、不冒尖。

设计意图：温故知新，重温学习内容，在掌握的基础上再提出新要求，用多声部表现春来了，为后面的学习做铺垫。

活动三：春夜喜雨

活动目标：

1. 学习歌曲，有表情地演唱。

2. 掌握５３２１四音音准，能辨认四音符在二线谱上的位置。

3. 能进行５３２１四音简单组合乐句的听唱记忆。

活动步骤：

1. 播放背景音乐门德尔松的《春之歌》。

师：‖沙沙沙沙｜沙沙沙沙：‖（齿声），及时的春雨好像知道时节，当春天来到的时候它就伴随着春风在夜晚悄悄，悄悄地来了，‖沙沙沙沙：‖（齿声）。无声地下着，滋润着大地，润泽着万物，染绿了山川，催开了百花，‖沙沙沙沙｜沙沙沙沙：‖（齿声）……

2. 你听春雨把谁带过来了？师唱：5　3　2　1

滴　答　滴　答（小 雨 滴）

师：春雨带来了小雨滴，她悄悄地从天上缓缓地落下来，一起跟着老师唱一唱。（音叉起音 S）

3. 你能跟着老师的手势唱出小雨滴的音高吗？

（看教师的雨滴图片,加手势谱唱:S—M—R—D—）

4. 小雨滴是这样缓缓落下的？（板贴雨滴字母图）

5. 小眼睛真亮,接下来比比谁的记忆力最棒,能记住老师的手势谱。

①S M D｜S M D｜

②R R R M｜D—｜

③S M D｜S M D｜R R R M｜D—｜

④S M D｜S M D｜R R R M｜D—｜S M D｜S M D｜R R R M｜D—｜

方式：

（1）第一遍一起做手势,在心里默唱;第二遍边做手势边唱,直到背唱下曲谱,稳定节奏。

（2）先分句练习,再逐句连起来。

（3）老师把小音符请到黑板上,谁来摆一摆?（师先摆出第一小节,线谱预标上音高 S 的位置,再请学生在二线谱上用彩色吸铁石代替音符摆一摆。）

6. 边指边唱二线谱上的旋律,多次反复,直到熟记能背为止。

7. 听到这么美的旋律,老师忍不住想加上朗诵,请你们继续轻轻唱旋律,边唱边听老师都说了什么?

8. 你能复述老师的朗诵吗?(随即在旋律下板贴歌词)

好 雨呀｜知 时节｜当春 乃发｜生—｜随 风呀｜潜 入 夜｜润物 细无｜声—‖

9. 指乐谱,师唱两遍《春夜喜雨》,请大家思考老师用了什么神情和语气? 为什么这样唱?

(第一次面露惊喜、高兴夸赞,第二次轻声、柔和,春雨是细无声悄悄地潜入夜色。)

10. 学生视唱歌曲。

师节奏慢速读词,第二遍起首音高;生做手势,在心里默唱,直接唱词。

11. 点题:它的题目叫《春夜喜雨》,是唐代杜甫写的一首诗,一起读读题目。

活动评量:在认、唱、练、合等学习活动中能均能积极参与听、摆、动、唱等实践,让学生始终在音乐里一直保持不掉队。

设计意图:创设情境,融入春的意境中,分层叠加感受音乐要素,声响、音高、节奏、旋律、歌词等逐步完成歌曲学习。

活动四:春的歌声

活动目标:

1. 为歌曲合成二声部、三声部、多声部。

2. 培养声部意识、创编意识,集体合作精神。

活动步骤:

1. 快乐的雨滴纷纷加入我们的歌唱中,谁愿意当雨滴小队长,带领大家一起做手势唱。(巩固练唱第二声部)

2. 分组合唱,一部分唱歌曲,一部分唱固定音型 5 3 2 1二声部。

3. 我们还可以给动听的歌唱再加上伴奏,让春的歌声更丰富、动听,谁来试试(学生选择铃鼓、碰铃等进行伴奏)。

4. 集体合作,多声部演绎《春夜喜雨》。

活动评量:能积极主动尝试各种新伴奏声部形式的添加,在活动中与同伴友好合作,合力表现。

设计意图:综合前面所学,将声部添加进歌曲中,丰富各种声音声响,集体合作、分工明确又能互补协调,促进社会交往。

活动五:寻找春天

春天的景色宜人,下课了,同学们,咱们一起到校园里找春天吧(生在《嘀哩嘀哩》的歌声中走出教室)。

设计意图:延续春的主题,引导学生在生活中寻找春,积累更多春的人文知识。

【教学反思】

这是一堂一年级新体系实践课,围绕春声的主题。我始终以新体系体验为先,感性活动为主的理念,综合读、认、听、唱、伴等多种教学方式,调动学生多感官参与,不断积累音乐经验、丰富情感、掌握知识与技能,最终能用音乐表达。

新体系的教学对执教教师的素养要求较高,一堂课下来可谓是"唱念做打"样样不离手,标准的手势、稳定的拍感、规范的演示,优美的展示均是学生音乐感性经验积累的来源,所以一点也不能马虎,活动要求规则表述不能出现偏差或歧义,否则一年级的小朋友就会"跑偏"。

执教本课时比较遗憾的是缺少了一架木琴,使学生的音乐活动缺了点美感,如果能用木琴清脆悠扬的音质,代替音叉的起音,相信学生的歌唱会更轻巧、欢快,再由木琴敲出由高及低落下的雨滴伴奏声部,相信在学生学习合唱的兴趣上、二声部伴唱的音高稳定上,以及音响的完美程度上会更佳。

案例 10:《山谷静悄悄》

朱彩珠

【创新出处】

创新一:动中有静,行进中感受乐句

我一改往日静听分析乐句的教学方式,将乐句分析同学生的肢体活动相结合,让学生在动中思考,又以思考指导动作,既符合学生学习的规律,又增加了趣味性。

创新二:音画结合,享国风山谷之美

在感受旋律时,教师手书中国画风格的旋律线,不仅将旋律的高低走向、强弱变化、乐句等音乐元素融合其中,中国水墨山水的线条感更能凸显山谷的静和山谷的美,让学生从形到声感受音乐的表现力。

创新三:坚持合唱,领悟和声的魅力

四年级的学生已经有一定的合唱能力,本课特意增加了"山谷回声"的效果,又在最热闹的"地质队叔叔的小铁锤,敲得山谷叮咚叫"一句,进行同头换尾的和声创作,不仅让声音变得更加丰满,作品更为丰富,同时还与作品的内容相呼应,学生学得轻松又富有趣味。

【单元浏览】

本单元以"山谷回声"的主题,选取了欣赏曲目无伴奏合唱《回声》、管弦乐《羊肠小道》,歌曲《友谊的回声》和《山谷静悄悄》四个作品。这些作品又都以"力度"为主要元素,从不同角度表现山谷回声的美妙和山谷里变幻无穷的大自然之美,体现了音乐与自然的密切关系。同时歌曲中丰富的力度记号的感知和学习,让学生通过运用力度变化表现音乐,从而感受大自然的神奇和美,激发学生的音乐想象力,建立热爱大自然之情。

【教材分析】

《山谷静悄悄》选自人音版小学音乐教材四年级下册,是一首描绘大自然美丽景色的艺术歌曲,为一段体结构的分节歌曲。歌曲一开始用"xoxo x—"的节奏、很弱的音量,把我们带到了宁静的山谷中,然后节奏紧缩并运用了切分节奏,描绘了充满生机的美丽山谷,使人有如身临其境之感。前三段歌词分别描绘了山间的景物,富有动感,从"烟雾""花"直至"溪流""野兔"动感不断增强。在4小节间奏之后,"地质队叔叔"的出现,打破了原先的寂静安详,使山谷顿时热闹起来,锤子击石的叮咚声和溪水声交织成一支美妙的乐曲在山谷中回荡。四段歌词虽都配同样的旋律(第四段的旋律稍做变化),但由于歌词在形象、意境上有丰富细腻的变化和发展,歌曲很能使人们对山谷中的美丽景色产生想象。

【学情分析】

四年级学生学习态度积极,思维敏捷,接受能力较强,对于新事物有很强的兴趣,在音乐的歌曲演唱教学中能够积极主动地运用音乐歌唱方式来演唱,做到声情并茂,但对于音乐的信息量还不够,在分析歌曲与歌曲的表现设计方面能力还略显不足。

本节课的学习是在《友谊的回声》之后,学生已经初步知道回声,了解强弱,本节课继续强化对强弱的认知和表现能力。本曲轻快活泼,在节奏上一般不会有问题,但对于一些歌曲中音符时值较长的情况,容易唱不够时值。在歌曲中,出现了好几处时值较长的音符,这是需要注意的地方。另外,学生虽然对二声部的学习有着浓厚的兴趣,但是在学习和表现上依然出现了不同程度的困难,因此,在设计时要充分关注学生心理状态,在教学策略上给予帮助,帮助学生建立学习的信心,体验成功的快乐。

【教学目标】

1. 通过演唱歌曲《山谷静悄悄》,感受歌曲的旋律动态和风格特点,感受音乐与自然的和谐主题。

2. 指导学生用轻柔、优美的歌声描绘宁静、美丽的山谷风光,抒发对祖国大好河山的赞美之情,激发学生热爱大自然美景之情。

3. 在情景中感受 f p 渐强渐弱等力度记号,并能在演唱中运用。

【教学重点】

在演唱、表演歌曲中,启迪学生丰富的想象力,增强对歌曲的理解与表现。带着想象的意境,有感情地表演,感受大自然美丽的景色。

【教学难点】

识别并运用力度记号,做到能够用力度记号表现音乐所塑造的美好形象。

【教学准备】

钢琴、课件、板书卡片。

【教学过程】

活动一:创设情境,律动激趣

活动目标:

通过情景律动,让学生尽快进入学习状态,同时感知音乐的基本情绪,为后续歌唱教学做好铺垫。

活动步骤:

1. 老师带领学生跟着音乐律动进教室。

动作:手不动,脚踩四拍子,恒拍直至全部形成圆,之后加上手的动作。

设计理念:音乐是听觉艺术,音乐活动必须在听的基础上展开。从聆听音乐开始进入课堂,并为歌曲演唱和表现做铺垫,帮助学生建立恒拍感,感受音乐的时间性。

活动二:以乐导乐,体验要素

活动目标:

1. 了解力度对表现音乐的作用。

2. 认识力度记号。

活动步骤:

1. 听钢琴曲《空谷回声》。

思考:你有没有听到重复的乐句? 从力度上来说有什么特点?

2. 揭题:这首乐曲题目叫《空谷回声》。

3. 介绍力度记号及其表达的意思(课件出示强弱及其对应的符号)。

活动评量:能够准确听辨重复乐句的强弱变化。

设计理念:了解不同方式表现的"回声",使学生感知力度记号在表现自然音响中的作用,从而体验音乐源于生活,又高于生活的理念,感悟音乐的生活性。

活动三:探索回声,解决难点

活动目标:

1. 模仿回声,体验声音的强弱。

2. 发声练习同时渗透二声部教学。

活动步骤：

1. 模仿一段自然回声。

2. 让回声插上音乐的翅膀，二声部练习。

31 - -| 1 - - -|5 5 3-|3- - -||

山谷　静悄悄

0 0 0 0 |3　1 - -|1 0 0 0|5 5 3 -||

山谷　　　　　　静悄悄

3. 师生"回声式"完整演唱。

4. 生生合作完成"回声"。

活动评量：能够合作完成二声部卡农。

设计理念："音乐教学是音乐艺术实践的过程，所有的音乐教学领域都应强调学生的艺术实践。"学生在二声部的体验中感悟和声的美，从实践中感知力度在表现音乐中的作用，通过这样的实践练习，提高学生的音乐素养，也为后续的二声部教学做好铺垫。

活动四：旋律学习，感知乐句

活动目标：

1. 通过听一听，画一画，走一走，唱一唱让学生动态了解和感知乐句的划分，并通过自己的方式加以表现。

活动步骤：

1. 感受情绪，贴图揭题：山谷静悄悄。

2. 画画走走，感受乐句。

山谷静悄悄

(1)师边画旋律线边唱。

(2)师生随乐同画旋律线。要求:下笔有韵,运笔要带着气息。

(3)学生边画旋律线边唱两遍旋律,师伴奏。

(4)随着音乐自由行走。要求:请你站起来走进画中,如果你觉得一个乐句结束而另一个乐句开始了就改变你的前进方向。可以在整个教室中自由选择行进的方向,看看谁最会找属于自己的空间位置而不与别人产生碰撞。

(5)师生讨论行走时改变了几次方向(两次),揭示这段旋律由两个乐句组成。

(6)再次完整演唱旋律并进行空间位置行走。

活动评量:学生对乐句的变化能否做出相应的反应——行进方向的变化。

设计理念:本环节集音乐律动、美术为一体,又始终围绕"音乐旋律"展开教学,通过活动深化学生对音乐的理解。既关注了学科综合,又突出了音乐教学的音乐性。

活动五:整曲精练,完整表现

活动目标:

1. 能用富有弹性的声音、活泼欢快的情绪演唱歌曲《山谷静悄悄》。

2. 能按照歌曲中力度记号的变化更好地表现歌曲的意境。

活动步骤:

1. 初听全曲。

课件出示对应的歌词及图片。学生说出一个,老师点击课件并唱出来。

2. 师生轻声高位深情朗诵。

3. 师生合作连唱。

第一段师问生答,第二段生问师答,第三段师生齐唱。

4. 做一个行走的歌者,每一次乐句结束就要变换行进的方向。

5. 难点句点拨:偶尔出现的声音不仅没有打扰大山的宁静,反而让山谷更显幽静了,你听……

6. 鼓励学生用声音来表现这深山中的天籁之音。

7. 通过品味 sol 三拍的悠长韵味和寻找发出声音的人物，巩固练习地质队叔叔的小铁锤这句旋律节奏最为密集之处。

8. 完整唱一唱(师加入低声部)。

9. 二部合唱，丰富内涵。

(1)完整聆听二声部《山谷静悄悄》(课件出示两个声部旋律)。

(2)生看谱试唱低声部。

(3)两声部配合柯尔文手势练唱。

(4)完整演唱全曲。

活动评量:在二声部合作的过程中表现力度变化。

设计理念:有了前面充分的听觉和演唱的训练,本环节让学生对全曲有一个整体的感知。同时,通过朗诵、问答、对唱等不同的方式趣味性地学习歌曲的四段歌词。所有的活动都以学生为主体,让不同层次、不同水平的学生在不同的音乐活动中体验音乐学习的成功,感受音乐带来的快乐,关注音乐教学的主体——学生。

活动六:拓展延伸,动态结课

活动目标:

用老师给的课堂乐器和力度记号对音乐进行二度创作。

活动步骤:

1. 三角铁和铃鼓,同学们思考一下他们在什么时候、用什么样的力度出现比较合适?

2. 师生讨论并请同学进行展示。

3. 小结下课。踏着音乐之声,律动走出教室。

活动评量:能将力度记号的知识学以致用。

设计理念:利用本课学生所掌握的新知识和以往积累的音乐学习经验,为本课设置一个简短而开放的教学环节,一是增强学习的趣味性,充分展示学生的变表现能力,二是能够使知识内化,活学活用。

【教学反思】

一、成果与收获

1. 抓住音乐要素,而不局限于要素。本课从谱面上来看,要解决的难点有休止符、附点、长音、弱收和歌词的记忆等等。我在设计时并没有直接从这几点出发,而是将这些难点潜于表象活动之下,在活动过程中体验感受,从而去表现。

比如最后一句的休止,没有拍手,没有数拍,只是聆听。

2. 充分聆听,而非简单地重复。我相信音乐是听会的,学生在家从来没有人正儿八经的教,但是几遍的聆听就能让他们非常熟练地演唱一首歌曲。在之前的试教中,总觉得教唱的效果不是非常理想,于是重新拿出教案,把学生们的活动频率和聆听的次数等等做了详细的记录,发现聆听只有两遍。于是我马上调整方案,增加学生聆听的机会,效果显著,还没开始教就有好多学生已经能唱出五六分了,教起来自然事半功倍。

二、不足与改进

1. 导入部分钢琴曲的聆听对于学生只有一遍,难度相对大了。虽然少部分学生能够听出来乐句的重复和强弱的变化,但是多数学生可能还来不及感受到就已经过去了。

2. 歌词呈现太短,大多数学生也许还来不及记忆,完全靠个别学生在带领。以上两个环节都说明这节课的位置还不够关注大多数学生的阶段性学习效果,这在今后的课堂中一定多加注意。

3. 二声部编配上不够美。这一点说明我自身的音乐素养不够,在课堂上除了扬长避短,还要在日常教学中能够扬长练短,以期尽可能改善自身的缺陷。

案例 11:《快乐的音乐会》

林　霞

【创新出处】

以"音乐会"为主题,培养学生聆听音乐和感受音乐的乐趣。歌曲《快乐的音乐会》初步展示了我国民族乐器的部分种类,通过聆听和演唱,让学生认识这些独具风格的民族乐器音色,体验演奏者在演奏时发出的愉快心情。从而启发学生对模仿乐器音色的乐趣。

在"创编与活动"中,侧重打击乐器的练习,让学生在家中寻找废物自制小乐器,完成奏一奏的编创活动,为下面简易乐器分类做铺垫,使学生在探索中、听辨中、创编中的能力有所提高。

【教材分析】

《快乐的音乐会》是人教版小学二年级上册的一首具有民歌风的儿童歌曲,歌曲为 2/4 拍,六声徵调式,一段体的分节歌。这首歌词曲结合紧密,级进、流畅的旋律不时的插入八分、四分休止符,使得旋律收放有度,极尽得意的炫耀了小乐手吹、拉、弹、唱的技巧,风趣的道白加入使歌曲略有停顿,歌曲活泼欢快、耐人回味,是一首让学生喜爱的儿童歌曲。

【学情分析】

二年级的学生比较活泼好动,善于模仿,因此通过对小胡琴、小喇叭、小铜鼓的聆听是本节课的核心,也是一个难点。节奏掌握对于本年级的学生来说也有一定的难度,尤其是最后一句结束句容易和前面一句相混淆,最后一个创编环节学生之间的合作不够默契,教师应善于引导,以激发学生的想象力、创造力。

【教学目标】

1. 能用活泼欢快的情绪、明亮柔和的声音,完整准确地演唱歌曲。

2. 能用恰当的动作表现歌曲,培养学生的音乐表现力,并大胆尝试创作歌词,培养学生的音乐想象力和创造力。

【教学重难点】

1. 重点:感受歌曲欢快幽默的情绪,能用欢快的曲调准确演唱歌曲。

2. 难点:掌握休止符节奏和最后一句结束句的演唱。

【教学准备】

钢琴、歌词图片、小胡琴、小喇叭、小铜鼓、课件等。

【教学过程】

活动一:快乐律动,组织教学

活动目标:利用学唱音乐做律动,让学生感受恒拍,熟悉音乐。

活动步骤:

播放音乐《快乐的音乐会》,师生一起恒拍踏步进课堂。

喊出课堂口号——"快乐课堂,歌声飞扬"。

设计意图:教师简短的几句话,让学生倍感亲切,随音乐律动环节的设计,可以激发学生的学习兴趣,让学生在浓郁的音乐氛围中进入课堂,也为老师的导语做铺垫。

活动二:快乐闯关,营造氛围

活动目标:通过聆听歌曲中的三个乐器发出的声音,一是增强教学的趣味性,充分展现二年级学生的表演天性;二是进一步巩固知识的内化,做到活到老学到老,还原了本歌曲的生活性。

活动步骤:

导语:那我们一起来欣赏一段视频,听听、看看,小动物们都在干什么呢?

能否把你所听到的、看到的和大家一起分享呢?(生讨论)哦,原来小动物们在举办音乐会呢。今天,我们要举办属于自己的音乐会,不过,谁能顺利地闯过三关,才有机会获得音乐会的门票,大家有没有信心闯关?

1. 第一关(出示课件)。

请大家仔细听这是哪一个乐器发出的声音?

对了,谁能模仿一下喇叭的演奏方式?

非常棒!你们听老师模仿的像不像?

2/4

×× ××| ×× ××| ×× 0× | ×—‖

嘀嘀 哒哒| 嘀嘀 哒哒| 哒哒 0得(儿)| 喂—‖

我们一起边唱边演奏。

2. 第二关。

听,这是什么声音?(教师播放课件)

原来是小铜鼓的声音!谁来模仿一下小铜鼓的声音。

听老师是怎样模仿的?

2/4

×× ××| ×× ××| ×× 0× | ×—‖

咚咚 咚咚| 咚咚 咚咚| 咚咚 0得(儿)| 喂—‖

注意:小铜鼓的声音是非常有弹性的,我们也来唱一唱。

3. 第三关。

请同学们仔细听这个声音是哪个乐器发出来的?

二胡又叫小胡琴,让我们一起来模仿胡琴的演奏方法(左手按弦,右手握弓),听听老师是怎样模仿胡琴的声音的(老师示范演唱,学生模仿并加上动作表演)。

设计意图:教师简短的语言,让学生倍感亲切,随音乐律动环节的设计,可以激发学生的学习兴趣,让学生在浓郁的音乐氛围中进入课堂。此节奏是本节课的重点、难点,通过对小喇叭、小鼓、小胡琴的认识,从而延伸到节奏,这样既解决了重点、难点,又能引发学生的兴趣,同时为后面歌曲的教学做好了铺垫。

活动三:快乐歌唱,体验歌曲

活动目标:再一次让学生聆听歌曲,从易到难地逐步让学生感受到歌曲中七度音,同时,体会到唱到这一句时要活跃,这一句也是整首歌曲中的难点,突出了歌曲的重要性。

活动步骤:

1. 完整聆听音乐,感受音乐的快乐。

2. 找出歌曲中的难点,并巩固八度大跳音(通过听辨以及借助柯达伊手势)。

3. 这首歌现在就学完了,这里面有两个神秘的嘉宾分别是谁,他们的情绪怎样,高兴吗?那让我们也带着快乐的心情去演唱这首歌。

在学习第一段的基础上,学唱第二段,第三段。

让学生自信演唱全曲,引出结束句并进行改编。

学生通过柯达伊手势进行跟唱,小猫小狗、高兴,最后一句结束音处加"嗨"。

设计意图:通过各种学唱的方式,使单调的练习多样化,调动学生自主学习的积极性。

活动四：快乐创编，表演歌曲

活动目标：

引导学生全方位观察歌曲，演唱歌曲，当一次表演家演奏，提升了本歌曲的艺术性。

活动步骤：

1. 分组创编动作。

分成三组，分别是胡琴组、喇叭组、铜鼓组，讨论创编动作。

分组分角色演唱这首歌曲，请同学们一边演唱一边做动作。

各组选两位代表上台领舞，戴上自己做的小动物帽子。

设计意图：通过该环节给学生提供展示的平台，培养他们的音乐表现能力，并戴上小动物的头饰，激发他们的表演兴趣。

2. 组织学生分组进行练习，为歌曲伴奏。

第一组：

乐器：三角铁、碰铃。

节奏：X— ｜ X— ‖

第二组：

乐器：响板。

节奏：XX ｜ XXX ‖

第三组:

乐器:沙锤、铃鼓。

节奏:XX｜～～～～‖

第四组:

乐器:小军鼓。

节奏:0　0｜XXX‖

指导学生读谱——徒手练习——分组练习——分别指导。

学生读懂图形谱。徒手练习、分组练习,由一个小朋友负责带领,从两组到三组再到全班逐渐增加声部。

设计意图:用形象的图谱出示每个组的节奏,每组由一个学生引领,充分调动每一个学生的音乐表现力和创造力,体现合作学习的理念,使音乐课堂成为快乐的音乐会。

活动五:课堂小结

我们的音乐会结束了,可音乐带给我们的快乐是不会停止的,希望每一位同学在今后的生活中每天快乐,在音乐中快乐成长。

学生跟着音乐离开教室。

设计意图:使学生在快乐的气氛中结束本节课。

【教学反思】

一、抓住要点——引发聆听情感

《快乐的音乐会》这首歌曲是一首让学生喜爱的儿童歌

曲,歌曲活泼欢快,耐人回味,词曲紧密结合,旋律收放有度,极尽得意地炫耀了小乐手吹、拉、弹、唱的技巧,风趣的道白加入使歌曲略有停顿。通过多次聆听全曲引出第三句转句,一个小小的低回——噢,原来是吸引了小动物。"听众"跟着高兴地蹦跳,音乐会也因此获得了成功,旋律干净利落地结束在徵音上。

二、自主体验——获取感性经验

我将这堂音乐课设置为以音乐王国举办音乐会的故事引入,把学生带到了一个充满快乐、童趣的情境里,又以必须闯关才能获取音乐会门票的方式,一下子提高了学生学习的兴趣。本节课所选用的歌词比以往所学歌曲内容多,不宜于低年级学生掌握,由于三段歌词说的是三种不同的乐器,因此,我利用闯三关的方式,让学生形象了解这三种乐器。歌曲的后半段出现了小动物,利用动物头饰,让学生根据歌曲进行表演,活跃课堂气氛,从而了解歌词内容,也从中掌握了后半段词曲的节奏,为演唱歌曲做好了铺垫。

三、创新实践——实现能力转换

通过实践活动,学生不仅逐步养成小音乐家的好习惯,而且能正确发声训练,从而构架了感性经验与经验能力的桥梁。

案例12:《柳树姑娘》

林春晓

【创新出处】

我始终坚持新体系"让音乐属于每一个学生"的教学理念,将学生对音乐的真切感受与参与音乐活动放在首要位置。本节课结合三年级学情特点,以呼唤柳树姑娘、走近她,与之对歌、扮演她,结识她们等五步教学活动来进行聆听、模仿、歌唱、表演、鉴赏。通过音乐活动在学生心中印入温柔、舒展、优美的柳树姑娘形象,并用优美的歌声演唱她,柔和的体态表现她,和谐的声部演绎她。

创新一:欢乐律动

音乐是否触动了学生的内心,其表现可观察学生聆听时的微表情、自然体态反应等,教师抓住三年级学生活泼、感性的音乐性格特征,以律动作为开启兴趣、辅助歌唱、表达情感的主要教学手段之一,为达到教学目标打下良好的基础。

创新二:美好歌唱

歌唱始终是本课的重点,首先要带动学生轻松地唱,其次要指导学生优美地唱,再次要探索合作二声部和谐地唱,最后声情并茂地自如唱,这些均是每一教学环节中要逐步落实、培养的音乐歌唱技能与素养。美的歌唱要求始终如一,并尽可能步步提升。

创新三:巧借道具

听懂音乐语言、丰富音乐情感、流畅音乐表达是音乐体验、积累、迸发的最终目的,也是新体系中所提倡的教学目的。借用恰当的教学道具使得课堂教学手段更丰富,方式更灵活,渠道更宽阔,更轻松愉悦地实施教学。塑造柳树姑娘的音乐形象,轻薄飘逸的丝巾最为合适。

【单元浏览】

歌曲《柳树姑娘》在三年级下册第三单元之"我们的朋友"中,本单元的好朋友均是来自大自然的"顽皮的杜鹃""荫中鸟"以及"空山鸟语",以"鸟"为主题材给人曼妙的遐想,而《柳树姑娘》以拟人的手法更亲近学生,从而启发无限的联想,歌曲采用的填充式二声部是三年级简单合唱教学的开始,呼应式的歌声让人与自然,"我"与"柳树姑娘"之间紧密相连,融洽和谐,共同进入美妙的合唱世界。

【教材分析】

歌曲《柳树姑娘》是一首简易的二声部合唱曲,羽调式,3/4拍子,一段体结构。全曲以"×.×"为基本节奏型,采用旋律模拟的手法使曲调舒展优美,形象地表现了柳树姑娘在春风里飘柔的姿态。歌词简练,生动地表现了江南水乡万物一新、生机盎然的景象,抒发了人们对春天的赞美之情。

【学情分析】

三年级学生具有对简单曲谱的视唱能力,掌握基本的演唱技能与方法。在本课的学习中,学生感受三拍子的节拍韵律及曲谱的视唱没有难度,附点节奏的准确掌握通过节奏的训练也能较好地掌握。但是,在用不同的力度表现歌曲、第二声部中顿音的表现及与第一声部声音的融合上会有困难。

【教学目标】

1. 学生乐于在情境中参与歌曲《柳树姑娘》的学唱活动,在演唱、表演等活动中感受春天的美丽景色,表达自己对春天的喜爱之情。

2. 会用轻柔的声音演唱歌曲,能用中强、渐强的力度变化表现歌曲优美、轻快的情绪;认识顿音记号,在模仿中正确地演唱顿音;能够在聆听、对比、模唱的过程中唱好二声部,做到声部和谐。

3. 能够在演唱活动中展开想象,创编支声部的拟声词和创编动作表演歌曲,做到多种形式表现歌曲。

【教学重难点】

1. 重点:学唱歌曲《柳树姑娘》,唱好二声部。

2. 难点:附点节奏、顿音的准确演唱、二声部的声部和谐。

【教学准备】

钢琴、多媒体课件、音符卡片、音乐记号卡片、纱巾等。

【教学过程】

活动一：呼唤"柳树姑娘"

活动目标：

1. 通过呼唤柳树姑娘，认识并唱准附点四分音符。

2. 通过范唱，学习附点四分音符，并呼唤引出主题"柳树姑娘"。

活动步骤：

1. 随《柳树姑娘》伴奏的音乐师生恒拍进教室入座。

2. 再听歌曲，带着学生做四三拍子的律动，顺势以附点四分音符节奏呼唤"柳树姑娘"。

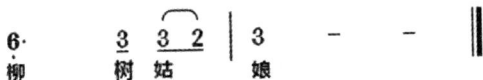

3. 在柳树姑娘的反复回答中，学生模拟教师的示范完成单声部到二声部的过渡，感知二声部。

(1)单声部发声练习。

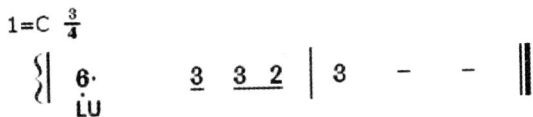

教师分别以 C—D—E 移调钢琴伴奏,学生填入歌词模唱练习,当唱到最后一组音时,师加入二声部。

（2）二声部练习。

活动评量：

1. 学生能够跟着琴声反复模拟唱准附点四分音符。

2. 稳定横拍,感知二声部。

设计意图：

1. 恒拍律动进教室,有助于学生聆听并稳定歌曲的节拍。

2. 通过呼唤"柳树姑娘"活动激发学生学习的兴趣,同时在呼唤动作和示唱中,掌握附点四分音符。

3. 移调练声感知二声部,为后面环节的二声部教学做铺垫,也为歌唱做好热身练习。

活动二：走近"柳树姑娘"

活动目标：

1. 初步感受歌曲舒缓柔和的情绪。

2. 了解歌曲中的音乐记号,借助丝巾体验表现。

3. 解决教学重难点"中弱""顿音"。

活动步骤：

1. 初听歌曲《柳树姑娘》，说一说歌曲给你的感受。

2. 借助丝巾走近柳树姑娘，感受不同风力下的柳枝摆动幅度，感受音乐力度。

3. 引导学生边唱边拍身体各部位，边念强弱弱，并通过声音变化（声音由低到高），让学生用体态感知表现渐强记号。

4. 课堂小微课，音乐力度记号学习。

（1）播放微课视频。

（2）出示歌谱。

在歌谱中寻找力度记号，并且拿出丝巾随音乐演示。

（3）唱一唱。

随琴声用"Lu"跟唱；第二遍注意"前倚音"；按要求完整演唱歌曲。

5. 在《柳树姑娘》歌谱中识别音乐力度记号，并用丝巾体态动作和节奏形象化学习。

6. 对话柳树姑娘，念歌词。了解"中弱""顿音"并操练。

（1）师有节奏地朗读歌词；师生共读歌词，发现音乐记号。

（2）体验练习音乐记号在歌曲中的变化，强调顿音要唱得短促、跳跃。

活动评量：

1. 学生能够识别谱面音乐力度记号。

2. 语言、体态有情感地表现,感知"中弱""顿音"。

设计意图:通过聆听、表演等形式熟悉歌曲,在行进中了解并掌握歌曲的音乐记号及"中弱""顿音",让学生在玩中学,轻松掌握乐理知识。

活动三:对歌"柳树姑娘"

活动目标：

1. 初步感知长音。

2. 初步感知二声部歌曲。

活动步骤：

1. 跟着《柳树姑娘》伴奏,师生再次随着音乐律动,师边唱边舞,要求学生带着表情一起加入身体律动。

2. 加入二声部《柳树姑娘》并提醒学生聆听区分,说一说不同的聆听感受。

3. 用柯达伊手势,师生合作、生生合作相互对歌,感受歌曲旋律。

4. 强调感知三拍子拍感及长音,更好、更准确地歌唱。

(1)听《柳树姑娘》,围圈,在原地随音乐舞动,师在长音处加入丝巾变化动作,让学生找一找歌曲中的长音部分,再加入丝巾律动柔和优美地演唱。

(2)二声部衬词部分启发学生自行设计一个用丝巾的体

态律动。

（3）选择分声部练习,生生互评练习效果。

活动评量:学生能够借助柯达伊手势,唱准音高,唱足长音,运用丝巾辅助控制并更好地歌唱。

设计意图:

1. 感受三拍子歌曲的韵律感,让学生自由表现音乐,铺垫歌曲节奏。

2. 借助科尔文手势,听看结合,提高学生内心听觉感,唱好长音,为之后的二声部合成打好基础。

3. 充分运用道具丝巾,开启学生探索学习音乐的过程。

活动四:扮演"柳树姑娘"

活动目标:

1. 用轻柔舒展的声音演唱《柳树姑娘》。

2. 在反复演绎中巩固对歌曲二声部的掌握。

活动步骤:

1. 再次聆听全曲,心中默唱,并用动作表示自己所听到的声部旋律。

2. 集体演唱《柳树姑娘》,分组负责交替练习声部,最后二声部融合。

3. 师生合作,用丝巾边唱边演绎二声部。

4. 生生组合演绎"柳树姑娘"。

分小组二声部合作演唱并表现"柳树姑娘",教师巡回指导,学生分小组自由讨论练习,最后上台展示"柳树姑娘",各小组间互相点评或建议。

5. 综合表现。

集体分成合唱组(围成圆圈歌唱),丝巾组(圆圈内丝巾舞蹈律动)表现。

活动评量:学生能够以小组合作的方式练习掌握二声部,根据个性理解演绎不尽相同的柳树姑娘。

设计意图:

借助道具丝巾感受歌曲优美的旋律,使学生在玩的同时感受音乐特点,增加学习的兴趣,循序渐进二声部合作学习。

活动五:结识不同的"柳树姑娘"

活动目标:

1. 感受不同风格的《柳树姑娘》,尝试创编二声部衬词。

2. 妙用非连音的方式感受加快速度的《柳树姑娘》。

活动步骤:

1. 聆听不同风格的《柳树姑娘》,谈谈对歌曲情绪、速度等方面的感受,引出非连音。

2. 师生共舞不同风格的《柳树姑娘》。

3. 如果你是编者,你会尝试唱出怎样的"柳树姑娘",引导学生尝试二声部衬词的添加创编。

4. 唱一唱、舞一舞"我的柳树姑娘"。

5. 总结点题。

师:音乐就是这么奇妙,因为速度、力度发生了变化,就能够给我们带来不同的感受,同样的音符,不同的排列组合,就能够创造出千变万化的音乐。

活动评量:能大胆交流感受,并尝试创编符合二声部音乐特点的衬词,敢于展示并积极合作。

设计意图:感受非连音、加快速度等版本的《柳树姑娘》,学生通过对比的方式来演绎歌曲,感受由于音乐要素的变化让"柳树姑娘"呈现两种不同的风格,激发学生的求知欲和学习兴趣。

【教学反思】

《柳树姑娘》是一首曲调优美、轻快的简易二部合唱歌曲。歌词简练,它采用了拟人的手法生动地描绘了江南水乡万物一新、一片生机盎然的春天景象。歌曲为 3/4 拍,一段体结构,羽调式,全曲以"X. X"为基本节奏型。歌曲在富有民歌特色的衬词中欢快结束,抒发了人们对美丽的春天的赞美之情。

在本课中,我渗透了新的教学理念,将学生对音乐的感受和参与音乐活动放在重要位置。只有当学生参与到音乐活动中去,成为音乐课堂的主体,自己主动地去探寻、领悟时,才能使他们全身心地进入音乐,从而获得音乐审美体验。为此,课堂教学中我设计一些音乐活动,如表演、伴奏、音乐游戏等,让学生通过音乐实践体会音乐学习的乐趣。以教师呼唤曲《柳树姑娘》来导入,引导学生观看视频,并用动作来辅助学习巩固力度记号。通过讲解和示范,学生很快复习掌握力度记号的演唱表现。合唱部分是本课的难点,我在学唱环节前面有多次的体验歌曲活动作为铺垫,再请一部分学生演唱第一声部,我来唱第二声部,其他学生聆听欣赏并说一说老师和同学是怎么合作的? 合作中要关注什么? 学生在主动参与中知道在哪里进入第二声部"啦啦啦",演唱时声音要轻巧有弹性,声部要和谐。并用道具丝巾辅助歌唱,生动表现了"柳树姑娘"在微风中歌唱的情境。整个课堂,学生都能以自己的方式走进音乐,并通过参与聆听音乐、领悟音乐、享受音乐,让合作能力、创造力和音乐表现力得到提高。

案例 13:《两只小象》

潘赛赛

【创新出处】

本节课主要以情境创设和音乐游戏为创新点,用童话故事创设学生喜欢的情境,从音乐要素节奏、三拍子韵律入手,通过多种形式的聆听、唱、奏等音乐游戏活动,调动各种感官参与学习活动,激发学生的兴趣和积极性,增强形象思维的发展。

【单元浏览】

本课以大象"长鼻子"的特征命题,继续围绕音乐与大自然这一主题,让学生初步感受音乐中大象这一形象。本课选编了两首器乐作品《小象》和《大象》作为聆听曲目,从视觉到听觉作对比聆听。同时,选配了傣族风格的编创歌曲《可爱的小象》和经久不衰的儿童歌曲《两只小象》,让学生在乐唱、爱唱的情感中,表达对小象的喜爱之情。

【教材分析】

《两只小象》选自义务教育课程标准实验教科书,人民音乐出版社小学音乐一年级第二册第四课。歌曲为三拍子,五声宫调式,一段体结构。歌曲中 XXXX｜XXX O‖的节奏型贯穿全曲。歌词生动形象地描绘出小象用长鼻子互相问好,一同在河边嬉戏玩耍的场面,教育学生要像小动物们一样,团结友爱、互相帮助,做讲文明、懂礼貌的好学生。

　　这是一首耳熟能详的歌曲,不少学生在学前班或是幼儿园都学习过,在课堂上他们不缺少对歌曲的认知学习,而缺少的是对歌曲的深入拓展的学习和展示,所以本节课我设计了为歌曲简单的伴奏来激发他们对此曲的新鲜感和学习的欲望。通过简单音乐剧的编排,让学生扮演歌曲中描述的音乐形象,从而让他们对其熟悉和了解的歌曲展开更多的想象和表现欲望,激发今后遇到此类歌曲的再创作思路和能力。

　　【学情分析】

　　一年级的学生主要还是以形象思维为主,音乐中抽象的感觉,都要依靠直观的图片、真实的肢体和歌唱表现去体验。本首歌曲中主要的八分音符、四分音符,以及 do re mi sol la 这五个音学生在前面一册的学习中已经比较熟悉,能够相对准确地给予表现。对歌曲的速度也有非常准确的判断,只是对相同歌词不同音高会产生一点混淆。

　　【教学目标】

　　1. 能用自然、柔美的声音演唱《两只小象》,在律动中感受三拍子的特点。

2. 能尝试用身体动作表现歌曲中小象的神态,并积极参与歌词编创活动。

3. 通过听、唱、演、说感受表现大象的音乐,从而懂得爱护动物,激发学生团结友爱、互帮互助之心。

【教学重难点】

1. 背唱歌曲,能够用亲切自然、富有感情的声音演唱《两只小象》。

2. 能够用肢体动作准确、稳定地表现三拍子。

【教学过程】

活动一:创设情境,激发兴趣

活动目标:聆听并表现音乐的快慢。

活动步骤:

1. 在动物狂欢节的情境中敲击不同速度的鼓点,感受音乐的快慢。

师:大森林里的动物狂欢节要开始了,动物们从四面八方赶来,你们听!

2. A 用慢速的 2/4 节奏敲鼓:每小节敲击两下。

B 用快速的 2/4 节奏敲鼓:每小节敲击两下。

3. 请说一说这两种脚步有什么不同? 有的快,有的慢。

4. 随着快慢交替的鼓声做出跑和走的动作。

活动评量:学生能够随着不同速度的鼓点走出快与慢的脚步。

设计意图:创设情境,用不同速度的鼓声引导学生体会音乐的快和慢;用走和跑的变化速度表现快和慢,激发学生参与音乐的热情;在音乐中体会和表现不同动物的音乐形象。

活动二:聆听《小象》,理解表现

活动目标:聆听器乐曲《小象》,感受音乐中的速度,并能用走步的方式表现。

活动步骤:

1.聆听《小象》的音乐。提示:音乐是舒缓沉重的,还是轻快活泼的?

2.介绍作品及作者。

3.再次播放音乐,请同学们模仿小象走路。

活动评量:观察学生在演绎表达的过程中对节拍的韵律感是否把握到位。

设计意图:从听觉入手,培养学生聆听音乐的良好习惯,在律动中表现二拍子轻快的节奏韵律,在律动中感受音乐形象。

活动三:学唱歌曲《两只小象》

(一)初步感知,稳定恒拍

活动目标:感知音乐的速度和三拍子的特点。

活动步骤:

1.初听感受音乐的快慢。

师:又有两只小象来了。你听这两只小象走得快还是慢。这两只小象的脚步跟刚才的那只一样吗?

2. 随着音乐模仿小象慢慢走。

活动评量:学生能否用三拍子的脚步随音乐模仿小象走路。

设计意图:有目的的多次聆听,让学生在聆听中充分感受音乐,稳定三拍子的恒拍,为后续学习做好铺垫。

(二)乐器伴奏,快乐创编

活动目标:能够辨别不同乐器的音色和音的长短,并能选择合适的乐器在歌曲恰当的位置进行伴奏。

活动步骤:

1. 打击乐器伴奏(提供三角铁和双响筒,请学生选择在合适的地方伴奏)。

2. 跟着音乐用乐器为歌曲伴奏,并唱出"呦啰啰"。

活动评量:能分辨三角铁和双响筒的音色和长短,并能够选择一种为歌曲伴奏。

设计意图:在聆听中继续聆听,增加学生感受音乐的机会,同时在选择合适的乐器为歌曲伴奏的过程中,激发学生创新和编配意识。

(三)细听音高,乐唱唱名

活动目标:辨别每句尾音的音高并唱出唱名。

活动步骤：

1. 听小象唱歌，找音符。

师："小象唱起了歌，他们每唱一句就要高兴地伸伸长鼻子"。

（老师边唱边模仿伸鼻子的动作，音高不同，高度也不同。）

2. 学生听老师唱，模仿伸鼻子的动作，重点表现音高。

3. 请学生听辨，四个音是什么（把３２６１四个音符贴在黑板上供学生选择）。

4. 师生接唱旋律。

活动评量：观察学生能否准确接唱每句后面三个重复的音。

设计意图：有了前面充分的聆听，在律动中感知音高就水到渠成了，既符合一年级学生认知规律，也符合低年级学生的学习习惯，让枯燥的乐理知识变得有趣味。

活动四：整曲精练，背唱歌曲

活动目标：有感情地背唱歌曲。

活动步骤：

1. 听音乐看着歌词，按歌词编创动作。

请个别学生展示。

2. 跟着音乐表演。请表现好的"小老师"带领同学们一起表演。

3．跟琴试唱。

4．分组接龙演唱。

5．完整演唱全曲。

师：让我们的"小象"随着音乐走起来、唱起来。注意听前奏，跟着老师的速度演唱。

6．集体综合表演。

律动与歌唱、伴奏乐齐上。

活动评量：能够完整有感情地背唱歌曲。

设计意图：通过各种不同形式的演唱，让学生在轻松愉悦的氛围中，不知不觉背唱歌曲。进而让学生不受歌词限制地进行脱稿表演，增强自信心和表现力。

【教学反思】

一、抓住音乐要素

本节课我从音乐要素节奏、三拍子韵律入手，通过多种形式的聆听、唱、奏等音乐实践活动，帮助学生直观、形象地了解、表现三拍子。一年级学生活泼好动，善于模仿，接受能力也较强，但同时也存在着缺乏自控能力、注意力分散的弱点。根据这些特性，我采用了童话导入，如：大森林里正举行着一场音乐会，来了许多小动物，然后播放《小象》，让学生感知同一主题不同速度下所表现的"小象"这一音乐形象。我还根据教学所需的情节编创童话故事，以此作为连接每一环节、激发学生兴趣的主要手段，让学生有了想学、想唱、想跳、想编的欲望,使他们身临其境,情绪高涨。

二、运用"五动"教学

教学中,我尝试着运用"五动"进行歌曲难点教学。"五动"就是学生在课堂教学中,通过"耳动、脑动、眼动、口动、手动",调动各种感官参与学习活动,激发学生的兴趣和积极性,增强形象思维的发展。

这节课也存在着不足,虽然环节设置较流畅,但在实施中作为新教师,我对课堂的整体把握还不够。课堂提问不够精准,在理答与课堂语言评价方面还应在课前做好充分的预设。

案例 14：《云》

方茵茵

【创新出处】

本课采用先体验后认知的教学方法，注重课堂的音乐活动、音乐感知以及学生生成。通过"风吹云动"这一主线，设计了拍、敲、做、吹、跳、说、唱、演等音乐活动，让"风"的旋律始终作为二声部轻轻烘托着"云"，让学生体会到风吹动下"云"的行动轨迹、"云"的轻盈柔美，从而感知旋律的行进方向和演唱情绪，进而能用身体的感觉，自然进行律动表现音乐，并能通过对歌词"雨点儿落下来，快快浇麦田"的理解，渗透人文教育，寄托真诚而美好的愿望。

【单元浏览】

本单元围绕"大海的歌"这一主题，选编了四首不同体裁、不同风格的欣赏与演唱作品，让学生感受音乐要素变化给音乐形象塑造带来的不同效果。通过模仿、律动的体验，感受、理解音乐，进一步积累音乐经验，培养良好的音乐感知能力。

其中,欣赏曲目有独唱歌曲《大海摇篮》和管弦乐曲《海上风暴》(片段)。歌唱作品则选编了两首优美抒情的歌曲《大海》和《云》。两首歌曲是典型的三拍子节奏规律,非常适合学生通过体态律动感受音乐。而《云》的乐句也十分规整,编者在"知识与技能"中设计了换气记号(Ⅴ)的认知与实践,让学生通过乐句的聆听、歌唱,做到自然换气,感受换气在歌曲中的重要性。

【教材分析】

歌曲《云》是一首优美抒情的儿童歌曲,3/4 拍,五声 D 宫调式,由四个乐句构成的一段体结构。歌曲的节奏舒展平稳,旋律起伏跌宕,优美抒情。白云随着风儿在蓝天中轻轻飘荡,引发学生天真的联想,在风儿的吹动下,从"蓝天""白云"到"大海""帆船",从"小雨点"和"麦田"的联系,寄托学生对大自然的真诚而美好的愿望,让人们的辛勤劳动换来丰硕的成果。这节课以风儿的二声部旋律为铺垫,用木琴伴奏,通过小道具丝巾模仿云的飘动,以及体态律动的方式来吸引学生、激发学生学习的兴趣,让学生在实践活动中感受主题《云》。

【学情分析】

二年级的学生处于低年级阶段,好奇心强、活泼好动,他们善于模仿,敢于创新,但由于自控力不够强,活动设计应注意建立规则。这个阶段的学生对柯尔文手势已比较熟悉,能在乐器的固定音高中模唱三度音程,而他们虽未正式开展合唱教学,却也具备初步的合作能力,因此在本课教学环节中设计了以"mi do"为主音的简易二声部旋律,模拟一个"风吹云动"的意境,促使学生在情境中学会学习,乐于合作,有效地培养学生协作意识。

【教学目标】

1. 能用自然连贯的声音演唱歌曲《云》。

2. 认识换气记号,并能主动探索换气记号在演唱中的运用。

3. 能加入简单的二声部演唱歌曲,并在律动中表现歌曲《云》。

【教学重难点】

重点:

1. 能用自然连贯的声音演唱歌曲。

2. 能加入二声部演唱歌曲,培养学生的协作意识。

难点:探索换气记号在演唱中的运用。

【教学用具】

丝巾、曲谱、卡片等。

【教学过程】

活动一:律动引入,感知恒拍

活动目的:在伴奏《云》的聆听律动中进入课堂,并通过聆听,感知节拍,为本课学习活动中恒拍的稳定做好铺垫。

活动步骤：

1. 律动进教室。

师带领学生在慢速原调的《云》中踏着三拍子的脚步进入课堂,围成圆圈坐下。

2. 感受节拍。

(1)师有节奏的引导:3/4　ＸＸ Ｘ ｜ Ｘ Ｘ Ｘ ｜ Ｘ Ｘ Ｘ ｜

Ｘ　　　Ｘ　　　Ｘ　 ‖

同学们,请跟我这样做:拍手,点手心,点手心。

(2)播放伴奏音乐:ＸＸ Ｘ ｜ Ｘ Ｘ Ｘ ‖

跟着音乐做一做。

问:你感觉这个音乐大概是几拍子的,它的强弱规律是什么?

(师板书 3/4 ● ○ ○)

设计理念:学生在感知歌曲《云》的节奏和旋律的过程中,学会初步辨别三拍子的节拍,体验三拍子的韵律感,稳定恒拍。为歌曲学唱以及二声部的加入打好稳定的基础。

活动二:风吹云动,感受乐句

活动目的:利用风之旋律的感受,以律动的方式,体验歌曲的乐句及旋律走向,提前做好歌曲二声部铺垫。

活动步骤:

1. 感受风。

(1)出示风(二声部)旋律。

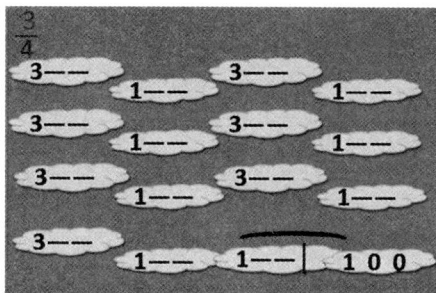

师:今天老师也带来了 3/4 拍风儿的旋律,听老师演奏木琴,同学们跟着边做柯尔文手势边唱一唱,你感觉吹来什么样的风?

生:小风、轻轻的风、很轻柔的风。

(2)加入丝巾。

★指导一位学生继续用木琴敲击风的旋律。

师:我想让你们这轻柔的风儿把我手中的丝巾美美地飘起来,你认为不同音高的风吹着丝巾,它的飘动有什么变化?

学生自主探索,确定推动丝巾的动作要领:3－－｜往上扬,1－－｜往前推。

师提示:唱 3－－｜的时候眉毛抬起来,轻柔的将丝巾扬上去,唱 1－－｜的时候要稳住,轻轻地将丝巾推出去,长音唱完整。

(3)加入伴奏,用"呜"唱风。

学生活动:聆听音乐伴奏演唱风的旋律,在聆听的同时通过木琴的音高、手的高低推动丝巾,唱准长音的音准。

2. 揭示主题《云》。

(1)师示范律动。

师:风儿吹呀吹,吹来了一群好朋友,它们在空中跳起舞来,请仔细聆听歌曲、观察老师的动作,这群好伙伴都是谁?

生:云。

师(板书主题"云"):是怎样的云,你感觉歌曲的速度怎么样?

生:轻飘飘的,柔软的,速度是慢的。

师(板贴"中速稍慢"):让我们想象自己就是这朵轻柔的云,放松身体,随着音乐舞起来。

(2)师生在木琴与伴奏音乐下自由律动体验歌曲。

3. 感知乐句。

问:同学们,你们有没有感觉到刚才律动的这个音乐有几个乐句?

(1)再次带领学生从律动特点中感知共有四个乐句。

问:你是怎么感受到的,每个乐句是怎样律动的,你能用动作表现出来告诉大家吗?

(2)学生交流、律动。

设计理念:情境的创设,是激发学生学习积极性的重要手段。本环节利用风的旋律进行演唱,以推动丝巾和木琴的音高来稳定音准,让学生更直观地在演唱中感受风的形象,促进二声部发展。同时,契合旋律特点的体态律动,自主感知乐句及旋律的特点。而律动引起的动觉能和音乐听觉同形同构地引起主体的情感体验。让学生在这种情感体验中从"要我学"转变到"我要学",有效地提高自主学习能力。

活动三:学唱歌曲,探究换气

活动目的:在感知乐句的情况下,通过师生对歌曲的合作学唱,自主探究换气记号的运用。

活动步骤:

1.学唱旋律。

(1)师板贴云朵旋律线,长音交给学生接唱,其余交给老师,师生合作指谱唱旋律。

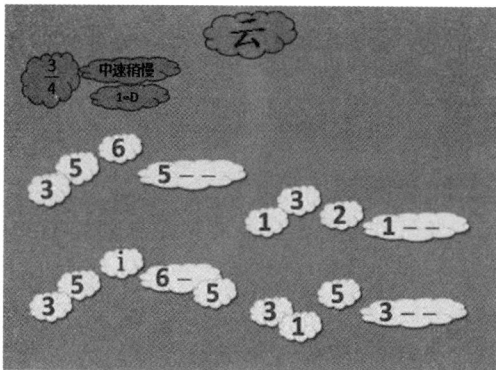

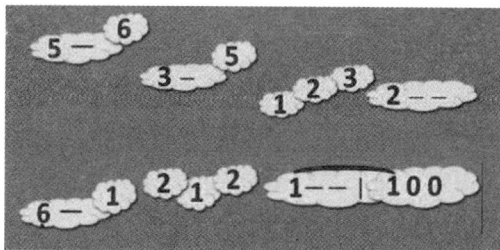

（2）生尝试唱老师的部分。

（3）师弹奏旋律,请生用自然轻盈的声音演唱旋律。

2. 朗诵歌词。

（1）教师范唱,板贴歌词。

探索歌词的含义:歌曲中把云比作什么? 生:帆船。

（2）生高位置轻轻有节奏地朗诵歌词。

（3）师:帆船不装鱼,不装虾,装的都是什么?

师:雨点和麦田是什么关系呢?

引导学生感悟:他们是好朋友,麦田特别喜欢雨点,因为麦田中的麦苗想要雨点快点落下来,这样麦苗就能快快长大,让辛勤劳动的农民伯伯迎来大丰收。

师:你觉得唱这两句的时候要带着什么样的心情?

生:开心的心情、急切的心情。

3. 探究换气记号。

（1）师引导学生带着不同的心情用自然连贯的声音演唱歌曲。

（2）出示小雨点 ,问:雨点给我们带来了音乐王国中的一个记号,你们认识它吗? 这是什么记号? 你刚才在演唱中是怎样换气的,你觉得应该贴在哪里比较合适?

（3）学生上台贴一贴,说一说为什么这么换气。

（4）再用自己贴的换气记号唱一唱,感觉是否合适,探究怎样换气能更舒服地演唱。

4．记忆歌曲。

（1）利用擦除法：瞧，少了几句歌词，你能唱好没有歌词的部分吗？

（2）背唱歌曲。

设计理念：音乐教育是一项审美教育，在音乐课程的活动中，应把教学活动与学生人文素养的培养很好的结合，让每一位学生在音乐中得到文化陶冶，提高人文素养。因此让学生通过读、说、想感悟歌词的内涵，渗透人文教育，寄托真诚而美好的愿望。通过歌曲体验，认识换气记号，自主探究换气记号的运用，做到自然换气，演唱歌曲。

活动四：律动合唱，深化体验

活动目的：将风的旋律与云的律动结合，展现出一幅"风吹云动"的生动情境，在这样的情境渲染下充分感受二声部合唱，初步建立合唱意识，培养协作能力。

活动步骤：

1．师生合作合唱。

聆听音乐，一个学生用木琴敲击风的旋律，其他学生自由律动唱歌曲，师推动丝巾加入二声部。

师：在刚才的演唱过程中你听到老师唱的是谁的歌声？

生：风儿。

2．生生合作。

（1）分组进行合唱。

（2）交换合唱。

学生活动：一部分学生在木琴的音高下在原地推动丝巾轻唱风的旋律，另一部分学生在风吹动下以丝巾为云朵，轻轻挥动自由律动，演唱《云》，形成合唱。

3. 律动出教室。

"风儿"和"云儿"们听着音乐依次飘出教室。

设计理念：学生在积累活动经验后，能够在老师的引导下多元化地呈现多声部合唱的效果，同时也让学生初步感受合唱的意识，喜欢多声部合唱的表现形式，培养协作能力。

【教学反思】

《云》是一首旋律优美、节奏舒展平稳、旋律起伏跌宕的歌曲，歌词从"蓝天""白云"到"大海""帆船"，引发学生天真的联想，再从"帆船"中"装着小雨点""雨点落下来"到"快快浇麦田"，寄托了学生真诚而美好的愿望，一直深受学生喜爱。这节课我深度挖掘教材，加入了"风"的元素，以"风吹云动"为主线，在新体系实践组成员的帮助下，通过不断的实践、分析、总结，逐渐完善对整节课教学环节的设计，着力于让学生在审美情趣中学会主动学习，培养合作能力，做到自然歌唱，享受歌唱带来的愉悦感。

《义务教育音乐课程标准》指出："音乐课的教学过程就是音乐艺术的实践过程。"为此，教学中要力求多给学生实践的时间与空间，在教师的引导下，让学生在感悟、实践、再感悟、再实践的过程中学唱歌曲、体验歌曲,在感悟、体验的基础上,指导学生学会合作、自主探究,表现歌曲。因此在教学中我引进了新体系三大教学法中一些手段,让学生在拍、敲、做、吹、跳、说、唱、演等音乐活动中,充分感知、体验,并在体验中尝试分析歌曲,感知换气记号的作用。音乐活动的设计是层层递进,环环相扣的。我在主线的铺垫下,创设情境,设计契合旋律的体态律动,学生在自由律动中能明显感受到四个乐句。小道具(丝巾)的使用也是贯穿始终。从风(二声部)的吹动让丝巾飘起来,学生能通过丝巾联想到轻柔的云,首先在视觉上呈现出两个不同的角色。再步步加深,在风儿(二声部)的合唱下,以挥动丝巾的体态律动演唱歌曲《云》,在视觉、听觉、动觉、联觉的体验中感受两种不同的旋律线,学生兴趣较高,能十分主动地参与到音乐表现中。在擦除法的帮助下,学生可以快速记忆歌词,让他们能不受歌词所限,在轻松自然的状态下用身体感受歌曲。学生在课堂中呈现出"动中乐""乐中舞",风和云其乐融融,吹着装满雨点的云去浇灌麦田,充分表现歌曲的意境。

在本课教学中,最让人惊喜的是学生能在歌曲的感知下,表述"雨"和"麦田"之间的联系,最终能联想到农民辛勤劳动获得大丰收,小朋友们爱惜粮食,好好学习,回报祖国。表演的学生以人文的情怀代入诠释歌曲,引导其余学生也能深度感受歌曲的真正内涵,作为教师同时也深受感动。

　　在教学过程中我同时也感觉到自身仍存在些许不足。尤其是在风的旋律教学中,学生在演唱最后两小节 1－ －｜１００‖ 时出现了分歧。而我也并未给予学生更多的时间在落实尾音的变化上,因此影响了最后歌曲二声部的成效,没能尽善尽美。遗憾的余留却促使我继续思考,改进自己的教学理念,更加关注学生生成,力求打造真正的生本课堂。

案例 15:《美丽的黄昏 2》

方茵茵

【创新出处】

本课《美丽的黄昏》设计为歌唱教学。基于音乐学科核心素养的要求,能通过柯尔文手势自主识读乐谱,利用声势律动模拟黄昏情境。在歌唱过程中树立正确的声音概念,能主动听辨二声部,从能唱一个乐句的二声部到能唱一首完整的二声部歌曲,最后能学会卡农式多声部歌唱,并养成合唱意识。同时,培养学生自主创编乐器伴奏,多样化地表现轮唱歌曲,在音乐律动、聆听感受、模仿实践、即兴创编等音乐活动中获得审美体验。

2015 年温州市小学音乐学科教学常规中音乐教学个性策略的歌唱教学指出:

(1)熟练掌握"柯尔文手势",并能在歌唱教学中自如运用。

(2)树立正确的声音概念,提倡"高位置、轻力度、柔线条"的歌唱方式,重视变声期嗓音的保护。

（3）坚持多声部歌唱教学，从易到难，灵活创编，培养群体意识及协作能力。

【单元浏览】

单元内容：

第一课时《钟声叮叮当》，第二课时《灵隐钟声》和《维也纳的音乐钟》，第三课时《美丽的黄昏》。

单元总目标：

1. 能用自己的语言表达对《维也纳的音乐钟》和《灵隐钟声》的不同感受，并能哼唱其中一首音乐的主旋律。

2. 能在轮唱的形式中用柔美的声音演唱歌曲《美丽的黄昏》，并选择合适的打击乐器表现歌曲的意境。

3. 能在合唱的形式中用圆润而有弹性的声音演唱歌曲《钟声叮叮当》。

4. 认识"4（fa）""7（si）""i（do^1）"三个音，并能在歌曲和其他实践活动中唱准这三个音。认识键盘乐器——电子琴，并记住它的音色特点。

本课教学设计《美丽的黄昏》教学建议为第 3 课时，因在第 1 课时中学唱过《钟声叮叮当》，对于二声部合唱已有一定的了解，对于音乐基础较好的班级，二部轮唱完成后，可以提高要求，让学生尝试一下多声部轮唱，以更好的表现这首作品的和声效果。

【教材分析】

《美丽的黄昏》是一首短小而优美的欧美歌曲，三拍子的旋律优美抒情,歌曲的音域仅六度,开始的四小节是全曲的主要素材,由"do,re,mi,fa"四个音组成,第5、6小节是第3、4小节的完全重复,主要节奏型"X－X",轻盈而有动感。第二乐句是第一乐句上方三度的模进,第三乐句是歌曲大调主音"do"的六次重复。由于歌曲的第二乐句是第一乐句的三度模进,所以当两部轮唱时,两个声部非常协调,歌曲通过简练的三句歌词,描绘了一幅欧美地区黄昏、教堂、钟声的景色,给人一种雅致、悠闲的感觉。

【学情分析】

三年级的学生已初步养成聆听的习惯,课堂常规意识逐步建立,同时也有了一定的听辨能力,善于模仿,能初步采用音乐手段表现歌曲。对于轮唱,仅在二年级下册的《两只老虎》中有所接触和了解,虽平时的音乐课堂中略有渗透,但对于他们来说还只是初入门槛,而《美丽的黄昏》则是正式进入了轮唱知识的学习。本课中设计抓住轮唱的两种形式,采用听辨、律动、创编的音乐活动,激发学生的学习欲望,加深对多声部音乐的理解,懂得正确演唱多声部作品,同时获得审美享受。

【教学目标】

1. 通过音乐律动、聆听感受、模仿实践及即兴创编等音乐活动,感受歌曲《美丽的黄昏》所表达的赞美之情。

2. 能有意识地参与轮唱,了解轮唱的两种形式,并在轮

唱过程中控制自己的声音,逐步学会聆听,树立良好的声部
概念,为合唱教学打下基础。

3. 能用柔美的声音演唱歌曲《美丽的黄昏》,并通过黄
昏、钟声的模拟和乐器伴奏的创编表现歌曲的意境。

【教学重难点】

重点:学会柔美抒情地演唱轮唱歌曲《美丽的黄昏》,选
择合适的打击乐器为歌曲伴奏。

难点:用轮唱的演唱形式表现歌曲。

【教学用具】

钢琴、多媒体课件、卡片、丝巾、碰钟、三角铁、沙锤等。

【教学过程】

活动一:律动导入,自主识谱

活动目标:聆听音乐,利用三拍子的丝巾律动,创设黄昏
的意境,并尝试通过柯尔文手势学唱曲谱。

(一)律动导入

1. 聆听《美丽的黄昏》伴奏音乐,跟随老师的脚步律动
进教室。

2.学生利用丝巾律动,感受音乐节奏,踩着三拍子进入
教室,并围成两排半圆形坐下。

(二)自主识谱

1. 跟着柯尔文手势来唱几组旋律(给予主音"do"确定
音高)。

2. 有几个乐句？将乐句卡片按学唱顺序贴到黑板上。

基于学情,预设:能独立唱两小节旋律,两次完成一个乐句。

生:能独立完整唱出四小节(一个乐句)。唱后了解到有三个乐句,完成歌曲乐谱。

3. 揭题:《美丽的黄昏》。(板书呈现)

(三)学唱乐谱

1. 师:在演唱时歌曲的强弱规律是什么,这是几拍子的歌曲?

你想用怎样的三拍子节奏律动配合演唱？试一试。

注意:演唱时坐姿要直,声音位置要高,轻柔动听地歌唱。

学生活动:(律动)拍手,拍肩,挥丝巾,完整唱乐谱。

2. 你觉得还有哪些乐句唱的还不够好,需要老师帮助的?

学生质疑:第一乐句中"4"这个音为什么难唱准? 听琴做手势唱一唱。

师引导:3 和 4 是好朋友,它们紧紧靠在一起,听琴做柯尔文手势唱。

设计理念:通过让学生听着音乐挥舞丝巾并踩着三拍子的节奏律动进入教室,不仅建立了学生对歌曲《美丽的黄昏》三拍子的恒拍概念,同时达到了审美体验。利用柯尔文手势学唱旋律,不仅提高了学生的自主唱谱能力,而且能通过快速记忆自己唱过的乐句完成歌谱,并通过听、唱、做来纠正音准,为后续的二部轮唱打下基础。

活动二:审美激趣,学唱歌曲

活动目标:通过模拟钟声进一步渲染欧美黄昏的情境,使学生在审美体验中柔美地演唱歌曲。

(一)创设情境

1. 课件出示黄昏图,初步聆听歌曲:这是一首来自欧美的歌曲,歌曲描绘了黄昏、教堂和钟声。

学生欣赏欧美的黄昏和教堂的美景图,聆听歌曲。

2. 师:你们在观赏美景时有没有听到什么特殊的声音? 给你什么样的感觉?

生:教堂的钟声,给人感觉雅致,悠闲、舒服……

3. 想象一下,我们能怎样模拟黄昏美景那种轻松的场景?

引导学生展开想象,模仿体验:

(1)我能用身体模拟钟摆的摆动,声音模仿钟声叮咚。

(2)还能用丝巾模仿黄昏的云彩。

4.聆听歌曲,教师范唱,引导学生模仿并跟唱。

3/4 1－－｜1－－｜1－－｜1－－｜1－－｜1－－‖

　　叮　咚　　叮咚　叮　咚

(二)学唱歌词

1.多么美丽的黄昏啊,你能唱唱歌词,用你们的歌声来表现这种美吗?(出示歌词)

学生跟琴完整唱歌曲《美丽的黄昏》。

2.再唱歌曲,树立正确演唱方式。

问:从你们的歌声中老师能感受到轻松和宁静,该用怎样的方式来演唱才会更柔美?

引导学生了解到坐姿会端正,模仿钟摆时也要腰背挺直,声音位置高,连贯柔和的歌唱。

设计理念:通过对美景的欣赏、钟摆的模仿和钟声的主音模唱。以联觉的方式层层递进,由浅入深,感知黄昏中教堂的优美、雅致和钟声的悠闲、轻松,达到对歌曲情感的共鸣,让学生逐步感受黄昏的美丽,达到审美体验。

活动三:听唱结合,学习轮唱

活动目标:以探究、听辨、实践等方式,感知本课轮唱歌曲的音乐要素;从易到难,逐步掌握歌曲的二声部轮唱;通过图示了解轮唱的两种不同表现形式。

（一）感知二声部

1. 课件出示第一、第二乐句。问：这两个乐句之间有什么异同点？

（1）节奏相同：分组同时拍两条节奏得出。

（2）音高不同：边做柯尔文手势边听琴（唱两个乐句分辨得出）。

2. 出示第二乐句二声部。

听老师和钢琴共同合作表现第二乐句。

问：老师唱的旋律和钢琴弹奏的旋律有什么不同？再交换听，有什么发现？

认真听辨，生成：

（1）分辨：钢琴弹旋律较低，老师唱旋律较高。

（2）得出：听到两个声部，钢琴弹奏的是低声部，老师演唱的是高声部。

（二）学唱二声部

1. 问：我们也来唱一唱这个乐句的二声部，你们想唱哪一个声部？

注意:钢琴跟随你们的声部弹奏,两个声部的歌词不同。

预设学生活动:

(1)想唱高声部:听琴音,和老师共同合唱一个乐句的二声部并交换声部唱。

(2)分成高低两声部合唱。

2. 出示第三乐句二声部合唱。

学生分成高低两声部合唱第三乐句。

(三)合唱歌曲

1. 聆听歌曲。问:从歌曲中,你能听出低声部是从哪里开始加入演唱的?

引导学生说一说:当高声部唱第一乐句时,低声部是完全休止的,高声部唱第二乐句时低声部才开始演唱。

2. 老师和同学一起合唱这首歌曲吧,你们想挑战哪个声部?

注意:要学会看指挥,要意志坚定地唱自己的声部,同时也要聆听另一声部的声音。

师生合作完整演唱歌曲。

3. 请学生分成高低声部来唱歌曲。

(四)学习轮唱

1. 引导学生说一说这首歌曲的演唱形式是什么? 从哪里听出来?

引导谈论:歌曲的演唱形式是轮唱,因为歌曲在演唱时两个声部的旋律相同,一个先唱,一个后唱。

2. 我们刚刚演唱的《美丽的黄昏》是同时结束的吗？有没有可能不同时结束呢？

学生讨论得出:

(1)是同时结束的。

(2)有的,第三乐句的低声部最后两小节不以"叮—咚—"结束,可以继续往下唱,比高声部多唱一个乐句再结束。

3. 请看第二种轮唱图示。

教师小结:轮唱也有两种形式,第一种如《美丽的黄昏》结尾部分是同时结束的,还有一种轮唱是结尾部分不同时结束,是先唱的先结束,后唱的后结束。

(板书:轮唱:同时结束　不同时结束)

4. 请同学们分成四组以第二种轮唱方式演唱歌曲。

(1)学生分组成四声部律动:随音乐挥动丝巾,模拟黄昏并摆动身体模仿钟声。

(2)卡农式演唱第二种不同时结束的轮唱。

设计理念:通过听辨范唱和键盘同时表现出的两个声

部,让学生更加清晰地聆听出两个声部不同音高的旋律,提高了学生对二声部合唱的分辨能力,明确如何正确演唱二声部歌曲。

活动四:拓展延伸,创编表演

活动目标:利用学生已掌握的乐器演奏技巧,自由选择打击乐器为歌曲创编伴奏,同时加入丝巾律动表现黄昏意境,充分展现了三年级学生的表演天性,使歌曲呈现多样化的卡农表演。

(一)加入打击乐器

1. 出示打击乐器:碰钟、三角铁、沙锤。

问:小组讨论你们想选择什么乐器?这个乐器的声音给你什么感觉?敲敲看,你想怎样为歌曲伴奏?

学生活动:选出组长,说说为什么选择这种乐器,并讨论演奏的方式。

第一组:三角铁

第二组:沙锤

第三组:碰钟

2. 请组长带领组员演奏乐器,为歌曲伴奏。

请学生利用打击乐器为歌曲伴奏,进行多声部表演歌曲。

(二)表演唱《美丽的黄昏》

学生活动:8个学生到舞台前作为第一声部挥动丝巾模

拟黄昏,其他三个声部打击乐器伴奏并演唱,呈现多样化的多声部卡农式歌曲表演。

(三)律动出教室

学生聆听《维也纳的音乐钟》律动出教室。

设计理念:有了前面的铺垫和学习,学生已经初步感受到轮唱的意义,教师再通过说一说、看一看,巧妙地归纳总结,加深学生对于两种类型的轮唱的认知,进一步学唱不同形式的轮唱。整个环节从学生的能力出发,以生为本。

【板书设计】

轮唱:同时结束
　　　不同时结束

【教学反思】

一、情境渲染,激发情感

《美丽的黄昏》是一首来自欧美的歌曲,旋律优美动听,很好地描绘了黄昏、教堂和钟声雅致、悠闲的意境。为了提高学生的音乐审美能力,引导学生主动参与音乐实践,感受音乐、体验音乐。在课堂伊始我便设计了挥舞丝巾模拟黄昏的云霞,踩着三拍子的节奏,律动进教室,建立三拍子恒拍概念,将三拍子在课堂中贯彻始终。然后通过多媒体课件让学生边听音乐边去欣赏美丽的黄昏景色,学生非常投入,被美丽的景色深深吸引。同时,通过律动模拟钟声和黄昏,烘托出优美的意境,为后续有感情地学唱歌曲做下铺垫。

二、巧妙唱谱,正确引导

在演唱乐谱时,我采用了柯尔文手势让学生自主学唱曲谱,并通过学唱曲谱让学生能够独立将三个乐句排序成完整的乐谱呈现在黑板上,使学生直观地感受到整首歌曲有三个乐句。接着又对乐句进行色块划分,为后面环节轮唱分类的诠释打下基础。同时,时刻关注学生正确的演唱姿势和发声方法,关注后 20％学生的学唱进度和音准的把握,有针对性地进行教学,合理给予引导和帮助。

三、明确要求,有效落实

在二声部学唱过程中,我让学生聆听思考教师范唱和键盘弹奏旋律同时表现出的两个声部,让学生更加清晰地听辨出两个声部不同音高的旋律,并通过师生合作,让学生边唱边去感受两个声部合在一起的美妙和声。大部分学生能够感受到并懂得在演唱自己声部时聆听另一声部,我觉得这就是学习合唱的重要前提。在歌声的引导方面,学生掌握得还是不错,基本上能掌握二声部的演唱,也出现了两声部的色彩,在唱的同时学生也能用耳朵聆听并学会心唱。但仍存在一个问题,即学生对音准的控制能力还不强,尤其在演唱"4"音上时常过高,还需明确进行示范纠正并提高。

四、以生为本,活用教材

课前我深度研究了本课教材,设计了学生小组讨论,自主选择乐器,通过敲敲、听听、说说选择的理由,并创编三拍子节奏为歌曲伴奏的活动,突显了学生的主体地位,以生为本。同时,加入丝巾和身体的律动进行歌唱,打造出多形式的歌唱表演,深度体验本课《美丽的黄昏》多声部轮唱的审美核心,升华课堂。

案例 16:《樱花》

王咪咪

【创新出处】

本节课将新课程标准理念贯穿始终,坚持以学生为主体,通过初识樱花、樱花的约定、歌唱樱花、演奏樱花、樱花绽放等一系列活动,使每个学生亲身感受音乐,获得美的享受和快乐的体验。

创新一:情境创设

情境创设是音乐教学中打造音乐学习氛围的一种常用手段。为了引起学生一定的情感体验,教师有意识地运用日语、和服、图片、音源等艺术性材料,不知不觉地将学生带入生活在日本的场景。

创新二:多种表现形式

在音乐欣赏的教学中,学生将注意力集中在体会音乐表现要素、音乐情感、音乐题材及音乐风格上。本课将《樱花》的主题旋律通过独唱、齐唱、合唱、器乐演奏的方式不断地让学生重复对比聆听,从而提高他们的音乐鉴赏能力和审美经验。通过歌唱让学生真正体会到作品所表达的意义与情感。

创新三:器乐模仿

乐器演奏也是学生表现音乐的方式之一,三年级的学生对中西方的乐器音色已有一定的积累,他们可以选择自己喜欢的乐器去模仿演奏主题音乐。它的作用就是在调动学生的学习兴趣,同时也可检验自身的音乐积累。

【单元浏览】

第六单元以"四季的歌"为主题,本课的四首作品表现了四季各个阶段的多彩生活,表达了少年儿童对生活的情趣与热爱。《樱花》是本单元的第二首聆听作品,是为配合"齐唱"这一演唱形式选编的,并用类比的方法安排了一首由长笛与乐队演奏的《樱花》,在比较学习中,让学生感受不同表现形式所表现出的不同效果。在这首作品中,"4 7"两个音,多次出现,是为了让学生在音乐作品中感受和熟悉这两个音,为他们在下一课认识唱"fa si"积累感性经验。

【教材分析】

樱花是日本的国花,也是日本人民最喜爱的花。《樱花》这首民歌淳朴而生动地表现了日本人民珍爱樱花,趁三月春光结伴前往观赏的喜悦心情。歌曲的旋律建立在日本民间都节调式的基础上,具有独特的民族风味。4/4 拍以级进为主的旋律,平稳匀称的节奏,从容不迫的速度,使人联想到木屐的步履。"4 7"的奇特落音和偶尔出现的增四度跳进,都使这首短小的民歌增添奇异的色彩。

【学情分析】

三年级的学生活泼好动，善于模仿，善于探索周围的世界，对学习音乐有着浓厚的兴趣。经过三年多的音乐训练，学生们已经有了一定的音乐技能，包括识谱、演奏、创造等等。在上课时，要充分引导学生对音乐的整体感受，丰富乐曲的体裁、形式等。用生动活泼的教学形式和艺术魅力去吸引学生，不断培养他们的音乐感受和欣赏能力，初步养成良好的音乐欣赏习惯。

【教学目标】

1. 能通过独唱、齐唱、合唱、器乐演奏等多种形式，感受日本民族音乐的风格特点。

2. 能通过樱花不同的表现形式，感受人们对樱花的喜爱之情。

【教学重难点】

1. 能分辨独唱、齐唱、合唱三种演唱形式。

2. 感受日本民族音乐的风格特点。

【教学准备】

钢琴、和服、古筝、樱花花瓣、扇子、多媒体课件。

【教学过程】

活动一：初识樱花

活动目标：

通过语言、服饰、多媒体等方式帮助学生初步了解日本与樱花。

活动步骤：

1. 在音乐中跟着老师律动进教室（背景音乐《樱花》）。

2. 教师用日语结合中文向学生问好，学生思考老师是在扮演哪个国家的人。

3. 出示世界地图，圈出日本的位置，教师简要介绍日本所处位置。

4. 学生思考日本的国花是什么花，随后教师出示樱花图片。

5. 学生思考日本人是如何表现对樱花的喜爱之情的。

活动评量：学生思维活跃，积极表达。

设计意图：初步感知音乐，帮助学生直观认识日本并充分感受日本人民对樱花的喜爱。

活动二：赏樱大会

活动目标：

1. 通过情境创设与聆听的方式，表现人们赏樱时的喜悦和喜爱之情。

2. 聆听独唱、齐唱、合唱版本的《樱花》并了解其演唱形式，初步感知日本音乐风格。

活动步骤：

1. 学生分成若干小组盘腿而坐，模拟赏樱大会时人们的状态。

2. 教师弹奏古筝演唱《樱花》，让多位学生试弹几个音。

3. 学生表达自己对音乐的感受。

4. 聆听齐唱版本《樱花》。

5. 对比聆听合唱版本《樱花》。

6. 学生区分三种演唱形式。

活动评量：学生很好地掌握三种演唱形式的特点，但对日本音乐风格还不明确。

设计意图：让学生在亲身体验中感受音乐，帮助学生区分齐唱与合唱。

活动三：歌唱樱花

活动目标：通过对歌曲的演唱和对歌谱的分析，初步感受日本民族音乐调式特点。

活动步骤：

1. 师出示歌谱，生随古筝视唱歌谱。

2. 利用柯尔文手势纠正学生"4 7"的音高及歌唱位置。

3. 再次演唱歌曲。

4. 找出歌谱中出现的音符，简单概括日本民族音乐风格特点，简单介绍都节调式。

活动评量：歌曲演唱较完整，小部分学生识谱能力还较弱。

设计意图：感受日本民族音乐风格。

活动四：演奏《樱花》

活动目标：通过聆听和模仿器乐演奏的《樱花》，进一步感受日本民族音乐风格的特点。

活动步骤：

1. 聆听器乐演奏的《樱花》，思考主奏乐器。

2. 再次聆听，思考主题旋律出现的次数以及出现时的速度和情绪。

3. 学生选择自己喜欢的乐器模仿演奏《樱花》。

活动评量：主题旋律出现的次数还不能很好的听辨。

设计意图：通过学生模仿自己喜爱乐器的声音演奏乐曲，增强对日本民族音乐的喜爱之情。

活动五：樱花绽放

活动目标：能设计出不同的演唱和演奏形式来演绎《樱花》。

活动步骤：

1. 思考日本人民喜爱樱花的原因以及对他们的意义。

2. 学生根据本节课所学习的知识演绎《樱花》。

3. 教师撒花瓣雨。

活动评量：学生能够较好的演绎乐曲。

设计意图：让学生更好地表达自己内心的情感。

【教学反思】

音乐是一门听觉艺术，倾听是音乐感受与欣赏的首要途径和基础。在音乐教学中不能忽视对学生良好倾听习惯的培养。正确的教学方法不仅要多层面、多角度地挖掘音乐作品的内涵和价值，还要使用多种行之有效的教学方法，使学生积极参与到聆听的过程中。

在教学过程中我设计了独唱、齐唱、合唱、器乐演奏的形式，不断地让《樱花》的旋律在学生的脑海中逐步形成深刻记忆。当然，在聆听音乐前后我也给学生提出了一些针对性且具有启发意义的问题，如：你认为喜爱樱花都有哪些表现形式？这不仅提高了学生的注意力，也拓展了他们的思维。

兴趣是学习的动力，只有让学生积极参与到音乐中，有了自身的审美体验和审美感受之后，才会激发并增强学生聆听音乐的兴趣。心理学家表明：儿童的形象直观思维占主导地位。针对这一点，我在课堂中展示了许多有关于樱花的图片，如：樱花美食、樱花和服、樱花背景动漫以及樱花盛开时的美景等等。我还利用仿真樱花花瓣通过扇子的风力将其从空中洒下，惟妙惟肖地将樱花盛开时的美丽场景展现在学生眼前，从而让学生陶醉在音乐中并与之产生共鸣，引起情感的升华，鼓励学生进行艺术的创新。在本课樱花绽放的环节，我要求学生根据自己对音乐的感受和理解与同伴合作重新演绎他们心中的《樱花》，但由于整堂课的内容较多，时间有限，最后的呈现还有待于进一步提高，相信老师的指导更细致些学生定会呈现出不一样的光彩。